Emil Freih. von Richthofen

Die mexikanische Frage

Emil Freih. von Richthofen

Die mexikanische Frage

ISBN/EAN: 9783743664135

Hergestellt in Europa, USA, Kanada, Australien, Japan

Cover: Foto ©ninafisch / pixelio.de

Weitere Bücher finden Sie auf **www.hansebooks.com**

DIE

MEXIKANISCHE FRAGE

BELEUCHTET

VON

EMIL. FREIH. V. RICHTHOFEN,
Premier-Lieutenant und pers. Adjutant Sr. Königl. Hoheit
des Prinzen Adalbert v. Preussen.

Berlin, 1862.
Allgemeine Deutsche Verlags-Anstalt.
Sigismund Wolff.

Vorwort.

Der Verfasser des nachfolgenden Beitrages zur Orientirung über die mexikanische Frage war in den Jahren 1854 bis 1856 der Preussischen Gesandtschaft in Mexiko attachirt. Er hat die Krisis entstehen sehen, welche jetzt eine europäische Intervention herbeigeführt hat. Schon damals wurden die Chancen einer solchen Intervention lebhaft besprochen und besonders der militärische Theil derselben nach Analogie früherer Vorgänge und nach den Verhältnissen des Landes eingehend erörtert. Aus dieser Zeit schreiben sich die Materialien her, welche, durch die neuesten Vorgänge ergänzt und vervollständigt, zu den in nachfolgenden Blättern enthaltenen Darlegungen und Ansichten den Stoff geliefert haben, und sind diese vielleicht geeignet, einiges Licht über eine Frage zu verbreiten, deren Lösung anscheinend nicht mit allseitiger voller Kenntniss der sich dabei ergebenden Schwierigkeiten von den europäischen Mächten in Angriff genommen worden ist.

Berlin, im Mai 1862.

Die neuesten Ereignisse, deren Schauplatz die nordamerikanischen Freistaaten sind, haben die Augen Europa's auf die Angelegenheiten aller Theile jenes Continents in besonderem Maasse hingelenkt. Wenn nun auch kaum behauptet werden kann, dass die Ruhe Europa's selbst vollständig gesichert ist, so haben doch in der letzten Zeit die europäischen Grossstaaten zu den ihnen näher liegenden grossen Fragen der Gegenwart eine mehr abwartende Stellung eingenommen, die sie befähigt, ihre jenseits des Oceans liegenden Interessen specieller in's Auge zu fassen.

Der Augenblick ist auch darum hierfür ein günstiger, als die nordamerikanische Union, deren geringe Mittel zur Offensive erst neuerdings blossgelegt sind, augenblicklich durch einen unseligen Bürgerkrieg in Fesseln geschlagen ist, der das grosse politische Werk Washington's über den Haufen zu stürzen droht und jedenfalls die Go-a-head-nation in ihrem fast übernatürlichen Wachsen und Vorwärtsdrängen, auf lange Zeit aufhalten wird.

Die von jener Republik im Jahre 1816 aufgestellte, nach ihrem Urheber sogenannte Monroe Doctrin, welche europäischen Staaten die Einmischung in die Angelegenheiten der neuen Welt unter der Androhung verbot, dass man eine solche Einmischung als Kriegsfall ansehen werde, ist seitdem in das Gebiet der wenigstens vorläufig reponirten Ideen gekommen, an welche der nordamerikanische Stolz sich in diesem Augenblick nur ungern erinnert.

Die den Vereinigten Staaten am nächsten gelegenen Landestheile, die Inseln Cuba und Haiti und die Republik Mexiko, bildeten zu der Zeit, als im Norden noch Ruhe und Ordnung herrschte und die Parteien sich noch nicht in offener Feldschlacht, sondern nur bei den Wahlmeetings feindlich gegenüber standen, den Gegenstand des kaum geheim gehaltenen Wunsches, dieselben zu annectiren. Die Verhandlungen im Congress, sowie die vielfachen, theils von Privaten, theils von der Regierung ausgeführten, mindestens von ihr begünstigten, militairischen Expeditionen zur Realisirung dieses Wunsches auf kürzestem Wege sind hierfür Beweis genug.

Die vortrefflichen Vorbereitungen, welche die spanische Regierung in militärischer Beziehung, zum Schutze der Insel Cuba, jener Perle der Antillen, getroffen hat, haben dieses Unglück immer verhütet, trotzdem auf der Insel selbst zu Zeiten eine Partei für die Annexion derselben an die Union existirte, die es oft an Umtrieben nicht fehlen liess.

Der grössere Theil von St. Domingo ist neuerdings auch wieder der Krone von Spanien unterthan; auch mochte gerade diese Insel die Ambition des Nordens noch nicht so rege gemacht haben, weil die verhältnissmässig grosse schwarze Bevölkerung in der Art Schwierigkeiten bereitete, als man sie einerseits nicht direct gänzlich in die Sclaverei führen konnte, und man sie, die bisher freien Menschen, mit vollen constitutionellen Rechten, andererseits doch nicht als der weissen Race ebenbürtig anerkennen wollte.

Den nordamerikanischerseits beabsichtigten Annexionen stellte sich endlich auch noch die Rivalität des Südens und des Nordens der Union feindlich gegenüber, da keine der beiden hauptsächlichen politischen Parteien das Wachsen der anderen durch Incorporirung von Staaten, die entweder die Sclaverei hatten, wie Cuba und St. Domingo, oder sie nicht hatten, wie das heutige Mexiko, und dadurch das Uebergewicht im Congress, zugeben wollte.

Die letztgenannte Republik hat indessen wiederholte Angriffe des Nordens auszuhalten gehabt, die ihr im Ganzen bedeutend über die Hälfte ihres ursprünglichen Territoriums kosteten. Der Krieg im Jahre 1836 raubte ihr Texas, und derjenige von 1847 und 48 zwang sie zur Abtretung von Neu-Mexiko und Ober-Californien, als dessen weitere Folge auch der im Jahre 1854 stattgefundene Verkauf des Mesilla-Thales, eines Landstrichs von circa 3000 Q.-M, betrachtet werden kann. — Der texanische Krieg verkleinerte die Republik um mehr als 30000 Q.-Leguas, und der Flächen-Inhalt von Neu-Mexiko und Ober-Californien beträgt fast 80000 Q.-Leguas, nahezu eben so viel als der heutige Umfang der Republik Mexiko, welcher noch gegen 100000 Q.-Leguas umfasst, also immer noch ein Terrain etwa 19mal so gross als der preussische Staat.

Diese mexikanischerseits verlorenen Länderstrecken, so ausgedehnt sie nach den vorstehend angegebenen Zahlen sind, (die schwer ganz genau sich feststellen lassen, da selbst officielle Aufstellungen darüber Differenzen bis zu einigen Tausend Q.-Leguas ergeben), haben für die Republik, abgesehen davon, dass Nord-Amerika dafür zusammen 25 Millionen Dollars gezahlt hat, auch deshalb den Verlust weniger schmerzlich erscheinen lassen, als damit höchstens 50000 Menschen der Union zugeführt wurden, auf die doch das mexikanische Gouvernement bei der bedeutenden Distance von der Hauptstadt nur einen sehr prekären Einfluss hatte.

Unter den freien, die Einwanderung ganz besonders begünstigenden Institutionen Nord-Amerika's und bei dem erst später entdeckten Reichthum des Bodens haben diese vormals mexikanischen Landestheile einen unglaublichen Aufschwung genommen, so dass die jetzige Einwohnerzahl von Texas, Neu-Mexiko und Californien wohl kaum unter einer Million Menschen veranschlagt werden kann. Immerhin haben diese Umstände, die, soweit sie für die vorliegende Schrift und in militärischer Beziehung von Interesse sind, noch näher betrachtet werden sollen, nicht dazu beigetragen, die Beziehungen der beiden nordamerikanischen Republiken sehr günstig und freundschaftlich zu gestalten. Alle Mexikaner werden daher einen wirksamen Schutz gegen die Uebergriffe des Nordens mit Freuden begrüssen, umsomehr als sie wissen, wie sehr der Besitz Mexiko's des Begehrens werth und wie wenig die ausserdem aller Energie baare Einwohnerschaft von 7 Millionen Menschen geeignet ist, dem Vordringen des nordamerikanischen Elementes irgend einen erheblichen Widerstand entgegen zu setzen.

Die Republik Mexiko erstreckt sich über das grosse Plateau, welches von den Cordilleren gebildet, 6—8000 Fuss über dem Meeresspiegel liegt, und nach Norden zu in die weiten Prairien abfällt, die erst jetzt anfangen der Colonisation und Exploration zugänglich zu werden. Nach Osten und Westen dacht sich das Hochland gegen den atlantischen und stillen Ocean ab.

Während in den niedrig gelegenen Landstrecken die typhösen Fieber der Tropen die Folgen der anhaltenden Hitze sind, ist das Hochland bis jetzt fast von allen Epidemien verschont geblieben, die sich in der reinen Luft jener höheren Region nicht bilden können. Schon hierdurch für den Aufenthalt einer grossen Einwohnerschaft begünstigt, ist die Hochebene umsomehr dazu durch die Fruchtbarkeit ihres Bodens geeignet, welcher das Zuckerrohr, Korn, Kafe, Baumwolle, Mais und Kartoffeln zu jeder Jahreszeit in Ueberfluss hervorbringt.

Alle Früchte des nördlichen Europa's finden sich auf den Märkten von Mexiko und Puebla neben den herrlichsten Erzeugnissen der Tropen. — Rinder, Schafe und Schweine werden in grossen Heerden gezogen und die mexikanischen Pferde und Maulthiere, fast die einzigen Communikationsmittel durch das weite Gebiet der Republik, müssen von vortrefflicher Race sein, um allen an sie gestellten Anforderungen so zu genügen, wie es der Fall ist. — Unfruchtbare Strecken giebt es natürlich in den bis in die Schneeregion reichenden Cordilleren vielfach, doch hat in diesen die Vorsehung gerade den wirklichen Reichthum Mexiko's niedergelegt. Die vielen und ausgedehnten Bergwerke produciren neben Kupfer, Eisen, Schwefel, Quecksilber und einigem Golde, ganz besonders Silber in so ausgedehntem Maasse, dass fast alle Märkte der Welt hier die Bezugsquelle dieses letzteren Metalls haben. Der jährliche Export an Silber erreicht oft die Höhe von 20—25 Millionen Dollars und man kann das seit der Eroberung aus Mexiko ausgeführte edle Metall, ohne zu fehlen, auf die fabelhafte Summe von 6000 Millionen Thaler veranschlagen.

Bei allen diesen enormen Vorzügen, mit denen das Land gesegnet ist, bieten die politischen und socialen Verhältnisse desselben das traurigste Bild vollständiger Auflösung und Zerrüttung. Die für das ausgedehnte Territorium der Republik äusserst spärliche Bevölkerung von 7 Millionen Menschen, besteht aus gegen 5 Millionen Indianern, etwas über 1 Million Mischlingen und Schwarzen und nur der Rest gehört der weissen Race an. — Die Indianer befinden sich auf der tiefsten Stufe der Civilisation. Die Eroberer Mexiko's trafen in ihren Voreltern ein tapferes und kriegerisches Volk an, welches auf einer gewissen, wenn auch barbarischen Culturstufe stand und in geordneten staatlichen Verhältnissen lebte. Ihnen wurde das Christenthum an der Spitze des Schwertes gebracht und der grösseren Vollkommenheit der europäischen Waffen unterlagen Geschlechter, die ihren Stammbaum vielleicht eben so hoch hinaufführten, als die spanischen Conquistadores.

Nach der Eroberung wurde die ursprüngliche Bevölkerung, wenn auch nicht unter dem Namen Sclaven, so doch der Art, unter die ersten Ansiedler, die Mexiko der spanischen Krone unterwarfen, repartirt, dass sie in einem leibeigenen Verhältniss zu diesen standen. Die dann eingesetzte spanische Colonial-Regierung hatte neben dem Hauptzweck des grösstmöglichsten Ertrages der Colonie, vorzüglich die Bekehrung der Indianer zum Christenthum im Auge. In Folge dessen standen sie unter einer wohlwollenden Regierung, die ihnen ihre eigenthümlichen patriarchalischen und Gemeindeverhältnisse liess, die sich damit begnügte, sie für das Licht des Christenthums durch allmälige Umwandlung ihrer religiösen Gebräuche in christliche Formen empfänglich zu machen, sie indess andererseits von jeder Wissenschaft über das, was um sie und mit ihnen vorging, mit Eifer fern hielt. Sie wurden Alle wie unmündige Kinder erzogen, die sich leiten lassen müssen und bei denen der Gedanke, aus sich selbst einmal etwas zu machen, nicht aufkommen darf. Sie standen auch rechtlich unter fortwährender Vormundschaft. Diese Erziehung hat ein trauriges Resultat geliefert.

Seit dem Fall der spanischen Herrschaft ist den Indianern nun dieser väterliche Schutz verloren gegangen; sie sind freie Staatsbürger geworden und als solche der Spielball ihrer weissen Landsleute, die sie zum Theil nach wie vor, wie geborne Frohnleute, ihre Besitzungen bearbeiten lassen, zum Theil mit ihnen die politischen Kämpfe durchfechten, die seit 40 Jahren das Land zerfleischen und jetzt zur gänzlichen staatlichen Auflösung geführt haben.

Die Mischlingsracen, Mestizen, Mulatten und Quadronen, sind den Indianern wie den Weissen gleich verhasst; sie haben die Laster ihrer Eltern ererbt, ohne gleichzeitig der Tugenden derselben theilhaftig geworden zu sein. Sie sind grösstentheils Handwerker und die zahlreichen Räuberbanden, die nie aufgehört haben die mexikanischen Landstrassen unsicher zu machen, mögen sich vornehmlich aus ihnen rekrutiren.

Die weisse Race, soweit sie nicht den Grundbesitz inne hat, liefert die Militairs, Beamte und Geistliche; sie bildet somit eigentlich das mexikanische Volk, da sie allein fähig ist, eine etwaige politische Meinung zu äussern und diese, durch Einwirkung auf die jetzt mehr formell als in der That politisch emancipirten niederen Racen, wenigstens momentan zu einer gewissen Bedeutung zu bringen. Wenn nun auch durchaus nicht geleugnet werden kann, dass unter den weissen Mexikanern sich oft fähige Köpfe und konsequente Personen, die dem einmal erfassten Princip treu bleiben, finden, so sind doch zwei Klippen vorhanden, an denen nur Wenige vorüber kommen; es ist dies zunächst eine unbegränzte Indolenz und ein Fatalismus, der alles über sich ergehen lässt oder höchstens das Unglück durch thatenlose Klagen abwendig zu machen sucht — und ferner der durch die eigenthümlichen Verhältnisse gleichsam aus Rücksicht für die Selbsterhaltung zur Nothwendigkeit gewordene Mangel eines gewissen Rechtlichkeitssinnes, verbunden mit Egoismus; ein grosser Theil der Beamten sucht seine zerrütteten Vermögensverhältnisse direct aus den Staatseinkünften zu verbessern und sich so für das meist ausbleibende Gehalt schadlos zu halten.

Dabei ist der Stolz ihrer spanischen Voreltern auf die jetzigen Mexikaner übergegangen, der sich oft in Phrasen und pretensiösen Regierungs-Erlassen kund giebt; auch die Berichte über die vorgekommenen Gefechte, theils in den Kriegen mit dem Auslande, theils in den Bürgerkriegen, liefern in ihrer prahlerischen Ueberschwenglichkeit vielfach Beispiele davon.

Die militärische Tüchtigkeit des mexikanischen Volkes ist trotz des andauernden Kriegszustandes, in dem sich die Nation seit beinahe 50 Jahren befindet, nur gering anzuschlagen. — Der gemeine mexikanische Soldat, der theils mit Gewalt, theils durch Werbung aus den Eingeborenen des Landes rekrutirt wird, bringt immer eine grosse Abneigung gegen den Soldatenstand mit und benutzt die erste günstige Gelegenheit zur Desertion. Nichts desto weniger besitzt er manche Eigenschaften des Soldaten in hohem Grade. Seine nie zu tödtende Ausdauer, fast ohne die geringste Verpflegung, sein geduldiges und gehorsames Wesen und ein genügender physischer Muth, auf den religiöser Fanatismus oft nicht ohne Einfluss ist, würden ihn, bei guter Anleitung und Führung, bald der Ausbildungsstufe europäischer Heere nahe bringen. Indess gerade die Führung mangelt.

Mexiko hatte als Hinterlassenschaft seiner Independenz das Heer mit übernehmen müssen, das ihm diese erkämpft hatte und bei den politischen Wirren, denen das Land von vorn herein ausgesetzt war, war es zuletzt weiter nichts als ein williges Werkzeug in den Händen ehrgeiziger Chefs.

Die grösstmöglichste Corruption besteht in dem Offizier-Corps; Individuen, die nie früher Soldat gewesen, sehen sich oft durch die Gunst des Präsidenten, oder auch nur eines der revolutionären Führer, plötzlich zu den höheren und höchsten Stellen im Heere herangezogen, die später nicht wieder aufgegeben, sondern oft dem Staate als eine drückende Last angehängt werden. So ist es gekommen, dass jetzt ein ungeheurer Stab im Heere existirt und man nicht sowohl Generale von Brigaden, sondern Brigaden von Generalen hat und von den öffentlichen Blättern spottweise angefragt worden ist, ob nicht besser gleich ausgesprochen werden könne, dass jeder Mexikaner gleich als General auf die Welt käme.

Zwar hat man auf Chapultepéc, einem nahe der Hauptstadt gelegenen früheren Lustschlosse der alten indianischen Könige, eine Militair-Akademie eingerichtet, aber die daraus hervorgehenden, zum grossen Theil noch im Knabenalter befindlichen jungen Offiziere, können wohl allenfalls über Theorien eine auswendig gelernte Auskunft geben, werden aber in der Praxis nie etwas leisten, so lange sie von ihren Vorgesetzten nur so mangelhaft darin unterwiesen werden, wie es der Verlauf aller mexikanischen Kriege dargethan hat. — Die mexikanische Heeresorganisation hat mit jeder Aenderung im Gouvernement auch einen gewissen Umschwung erlitten. Genau dieselbe festzustellen, ist nicht möglich, da jeder General, der mit der Regierung unzufrieden, ein sogenanntes Pronunciamiento hervorrief — und daran hat es in der Republik nie gefehlt — auch seine eigenen Truppen hatte und ihre Organisation nach den jeweiligen Umständen einrichtete.

Nach den neuesten, uns zu Gebote stehenden Nachrichten und Quellen theilt sich die Armee in das „stehende Heer" (ejercito permanente) und die National-Garde (Guardia nacional).

Das erstere setzt sich aus den Specialwaffen folgendermassen zusammen:

a. Die Artillerie, mit einer General-Inspection, 5 Divisionen zu circa 100 Mann, und einem Bataillon zu 200 Mann. — Die Eintheilung in einzelne Batterien kommt nicht vor, eben so wenig existirt eine reitende Artillerie. — Die Divisionen sind Berg-Artillerie, während das Bataillon die Fuss- und Festungs-Artillerie abgiebt. — Geschütze finden sich aller Gattungen und Länder in der Republik, doch führt die Feld-Artillerie gewöhnlich nur 8- und 12 pfündiges Caliber; zur Bespannung bedient man sich der Maulthiere, nur die Artillerie-Garnison der Hauptstadt hat sonst vollständig unbrauchbare, sehr grosse von Nordamerika importirte

Pferde, friesischer Race (Frisones) zu Paradezwecken. Die Ausbildung der Mannschaft steht auf der Stufe, dass bei den häufig, z. B. bei religiösen und Nationalfesten abgegebenen Freuden- und Salutschüssen die Ambulanz mit ausrückt und selten nicht zur Thätigkeit kommt.

b. Das Ingenieur-Corps besteht aus einem Stabe von 30 Officieren und einem Mineur-Bataillon von 400 Mann. Letzteres figurirt mehr, nach spanischem Vorbilde, als eine Elite-Truppe der Infanterie und wird auch als eine solche verwandt. Eine Kenntniss ihres Faches ist bei den Officieren kaum vorauszusetzen, da alle den permanenten Befestigungen angehörigen Bauwerke in der spanischen Zeit aufgeführt sind und diese allen, auch nur mässigen Anforderungen der heutigen Zeit nicht mehr genügen; die Reparaturen einzelner Hauptbefestigungen in der Republik, z. B. des Forts S. Juan de Uloa und der Festung Vera-Cruz, sind auf so immense Kosten veranschlagt, dass dieselben bei der andauernden Leere des Staatsschatzes nie ausgeführt werden konnten. Die in dem letzten Kriege gegen Nord-Amerika hergestellten Feldbefestigungen, die zum Theil noch stehen, beschränken sich auf Erdaufwürfe, haben aber selten eine den tactischen Anforderungen des Terrains genügende Form und Höhe.

c. Die Infanterie bestand im Jahre 1852 aus 12 Bataillonen, 3 Jahre später indessen, als ausserdem schon regierungsfeindliche Truppen im Felde standen, aus deren 30, mit ausserdem höherem Effectivstand als den früher beanspruchten, nach welchem das Bataillon kaum 300 Köpfe zählte.

Da der Indianer, das Gros der Armee, eigentlich nur zu Fuss kämpft, so sind auch fast alle Gefechte auf mexikanischem Territorium immer nur durch Infanterie geführt worden. Die Anzahl der Bataillone definitiv festzustellen, ist nicht möglich, da sie mit jedem Regierungs-Wechsel nicht blos im Allgemeinen, sondern mit jedem Pronunciamiento in einem einzelnen Staate oder Departement schwankt. Die Soldaten in der Hauptstadt sind in der Regel verhältnissmässig gut gekleidet, manchmal phantastisch und sogar so, dass ihrem Naturell und ihrer Gewohnheit, wie dies mit Stiefeln und Schuhen immer der Fall ist, manches ihres Ajüstements unerträglich ist; je mehr vom Centrum der Republik ab, desto sorgloser ist die Ausstattung der Soldaten. Der mexikanische Soldat marschiert barfuss 12 bis 15 Leguas täglich ohne ermüdet zu sein.

Tornister besitzen nur die bevorzugten Truppen der Hauptstadt aus alten Beständen; die Patrontaschen sind oft aus Strohgeflecht gefertigt und die einzige Bagage bildet eine wollene Decke, die Mantel und Bett gleichzeitig ist. Das reglementsmässige ziemlich schwere Käpi, obgleich in den heisseren Gegenden mit hellerem Leinen überzogen, wird bei anhaltendem Marsche willkührlich mit einem Strohhute vertauscht, den der Indianer von seinem Landsmann in jedem Dorfe zum Geschenk erhält. Man sieht oft Infanterie-Corps bis zur Stärke von einigen tausend Köpfen, die gar keine Tuchkleider haben und bei denen die Offiziere die Distinctivos auf dem Hemdsärmel tragen.

Die Bewaffnung besteht reglementsmässig aus dem Percussionsgewehr, doch sind noch viele Feuerschlossgewehre im Gebrauch und der Umgang mit der Feuerwaffe ist dem Indianer überhaupt noch nicht geläufig; bei den Offizieren sieht man sowohl die spanische Espada mit mittelalterlichem Kreuzgriff, wie auch die Machete d. i. das Messer, womit das Zuckerrohr geschnitten wird.

d. Die Cavallerie ist in Folge der vortrefflichen Race der Pferde gut beritten und es ist schwer zu entscheiden, ob hier Menschen oder Thiere mehr auszuhalten im Stande sind, da bei letzteren jede Pflege mangelt und jedes Militärpferd eine grössere oder geringere offene Druckwunde aufzuweisen hat. Die Cavallerie soll aus 6 Corps zu circa 200 Pferden bestehen, variirt indess ebenfalls nach dem augenblicklichen Stande der Verhältnisse.

Die Bewaffnung ist durchgängig die Lanze, deren sich die Leute, die gut und courageus reiten, nicht ohne Geschick bedienen; oft muss auch der Laso aushelfen, durch den während des nordamerikanischen Krieges hie und da Tirailleurs und solche, die sich zu weit vorwagten, um's Leben gekommen sind.

Das Heer soll sich eigentlich durch Werbung rekrutiren; da jedoch einerseits bei diesem milden Ersatzmodus die Cadres, in Folge der allgemeinen Abneigung gegen den Soldatenstand, nie complett werden würden, bei den andauernden Bürgerkriegen andererseits der Bedarf an Mannschaften um so fühlbarer hervortritt, so ist die alte spanische Aushebung (Leva), wo jeder District sein Blutcontingent (contingente de sangre) zu stellen hat, das allgemein übliche Rekrutirungs-System, bei dem freilich die Rekruten gefesselt und gebunden eingebracht werden müssen. So weit diese nicht ausreichen, greift man auf die Verbrecher in den Gefängnissen (presos y vagos) zurück, welche ihre Strafzeit dann im Heere abbüssen müssen.

Die Nationalgarde, die gesetzmässig jeder District für sich aufzustellen hat, ist vom Dienst in der regulären Armee befreit, wodurch die Gestellung des Ersatzes für letztere ausschliesslich auf die Landbevölkerung, die Indianer, fällt, während in den Listen der ersteren die Städter, also Weisse und Mischlinge figuriren, deren Thätigkeit sich auf das Paradiren bei Prozessionen und Stiergefechten beschränkt und bei der schon der Name die Verwendung gegen eine etwas disciplinirte Truppe ausschliesst; in den Bürgerkriegen, auch bei dem Einfalle der Nord-Amerikaner in das Land ist die Nationalgarde vielfach mobilisirt, und wie das stehende Heer verwendet worden.

Mit einer solchen Militair-Verfassung steht Mexiko jetzt der von drei grossen europäischen Mächten abgesandten Invasions-Armee gegenüber. Die andauernden Unruhen in der Republik, deren nachtheilige Wirkungen anfangs nur den Einheimischen selbst fühlbar wurden, haben mit dem Wachsen der fremden Bevölkerung und deren Reichthum ebenfalls in der Weise auf die Interessen der letzteren influirt, dass hieraus vielfache Reclamationen entstanden, die Entschädigungs-Ansprüche an die Regierung zur Folge hatten. Wie immer bei schwachen Gouvernements, nehmen diese Entschädigungs-Ansprüche nicht selten einen weit über den Schaden hinausgehenden Belauf an. Die Regierung konnte mit ihren Mitteln die stipulirten Zahlungen nicht leisten. Verträge auf Verträge wurden in dieser Beziehung unbeachtet gelassen und mit den steigenden Forderungen wurde die Unmöglichkeit ihrer Befriedigung und damit die Verwirrung im Lande immer grösser. Es entstand zuletzt ein solcher Zustand, dass die Gouvernements der hauptsächlich interessirten europäischen Staaten diesem Uebelstande steuern zu müssen glaubten. Die Revolutionaire und die Regierung selbst haben den Fremden vielfach Contributionen auferlegt, deren Anerkennung an competenter Stelle zwar selten verweigert wurde, ohne jedoch die Gewährung einer Entschädigung oder die Rückzahlung zur Folge zu haben. Das Leben der Fremden, besonders der Spanier, die am verbreitetsten über die Republik, vielfach Grundbesitzer sind, war nicht mehr sicher und die französiche Gesandtschaft in Mexiko weist sogar 19 Fälle des Angriffs auf die Personen französischer Unterthanen während des Jahres 1861 nach, die meistens mit dem Tode derselben endigten. Diese Umstände haben ein Bündniss zu Wege gebracht, das ohne Zweifel nicht ohne bedeutenden, hoffentlich heilsamen Einfluss auf Mexiko vorübergehen wird.

Durch die Convention vom 31. October v. J. sind Frankreich, Spanien und England übereingekommen, durch eine gemeinschaftliche Expedition nach Mexiko für die Personen ihrer dort residirenden Unterthanen, das Eigenthum derselben und für die Innehaltung und Beobachtung derjenigen Verträge Sicherheit zu schaffen, welche die Republik mit ihnen über gewisse Forderungen und Entschädigungen eingegangen ist, und deren Erfüllung auf diplomatischem Wege nicht zu erreichen war.

Im Eingange dieses Documents heisst es:

Da Ihre Majestät die Königin des Vereinigten Königreichs Grossbritannien und Irland, Ihre Majestät die Königin von Spanien und Se. Majestät der Kaiser der Franzosen sich durch das willkürliche und vexatiöse Verhalten der Behörden der Republik Mexiko genöthigt fühlen, von diesen Behörden einen wirksameren Schutz für Personen und Eigenthum ihrer Unterthanen, so wie eine Erfüllung der gegen Ihre Majestäten von der Republik Mexiko eingegangenen Verbindlichkeiten zu fordern, so haben sie sich dahin geeinigt, eine Convention abzuschliessen, in der Absicht, ihr gemeinsames Handeln zu vereinigen, und haben zu diesem Behufe zu ihren Bevollmächtigten ernannt (folgen die Namen Russell, Isturiz und Flahault unter Aufzählung ihrer Titel und Würden).

Die Artikel der Uebereinkunft lauten:

Art. 1. Ihre Majestät die Königin des Vereinigten Königreiches Grossbritannien und Irland, Ihre Majestät die Königin von Spanien und Se. Majestät der Kaiser der Franzosen machen sich anheischig, sofort nach Unterzeichnung der gegenwärtigen Convention die nöthigen Anstalten zu treffen, um combinirte See- und Landstreitkräfte, deren Stärke durch einen weiteren Austausch von Communicationen zwischen ihren Regierungen festgesetzt werden soll, die aber in ihrer Gesammtheit zur Einnahme und Besetzung der verschiedenen Festungen und militairischen Positionen an der mexikanischen Küste hinreichen sollen, an diese Küsten zu senden. Die Befehlshaber der verbündeten Streitkräfte sollen ausserdem befugt sein, die anderen Operationen vorzunehmen, welche an Ort und Stelle als am besten geeignet erscheinen mögen, um den im Eingange bezeichneten Zweck der gegenwärtigen Convention zu erreichen und namentlich für die Sicherheit der im Lande wohnenden Fremden zu sorgen. Alle die in diesem Artikel vorgesehenen Massregeln sollen im Namen und auf Rechnung der hohen contrahirenden Parteien ergriffen werden, ohne Rücksicht auf die besondere Nationalität der zu ihrer Ausführung verwandten Streitkräfte.

Art. 2. Die hohen contrahirenden Parteien machen sich verbindlich, in der Anwendung der durch die gegenwärtige Convention vorgesehenen Zwangsmassregeln für sich in keiner Weise einen Gebietserwerb oder irgend einen besonderen Vortheil zu suchen und auf die inneren Angelegenheiten Mexiko's keinen solchen Einfluss auszuüben, der das Recht der mexikanischen Nation beeinträchtigte, die Form ihrer Regierung frei zu wählen und zu constituiren.

Art. 3. Eine aus drei Commissaren, von denen jede der contrahirenden Mächte je einen ernennt, bestehende Commission soll niedergesetzt werden mit voller Befugniss, alle Fragen, die in Bezug auf Verwendung oder Vertheilung der Geldsummen entstehen mögen, welche man von Mexiko erhalten wird, unter Berücksichtigung der Rechte der drei contrahirenden Parteien zu entscheiden.

Art. 4. Da die hohen contrahirenden Parteien ausserdem den Wunsch hegen, dass die Massregeln, welche sie zu ergreifen gedenken, keinen exclusiven Character tragen sollen, und da sie wissen, dass die Regierung der Vereinigten Staaten ihrerseits, gleich ihnen, Ansprüche bei der mexikanischen Republik geltend zu machen hat, so verabreden sie mit einander, dass gleich nach Unterzeichnung der gegenwärtigen Convention eine Abschrift derselben der Regierung der Vereinigten Staaten übermittelt werden soll; dass die erwähnte Regierung eingeladen werden soll, der Uebereinkunft beizutreten, und dass in Erwartung dieses Beitritts die Gesandten der drei Mächte sofort mit Vollmachten zu dem Zwecke versehen werden sollen, collectiv oder besonders mit dem von dem Präsidenten der Vereinigten Staaten dazu ernannten Bevollmächtigten eine, das Ausfallen des gegenwärtigen Artikels abgerechnet, mit der heute unterzeichneten Convention identische Convention abzuschliessen. Da aber die hohen contrahirenden Mächte, wenn sie mit Ausführung der Artikel 1 und 2 der gegenwärtigen Convention zauderten, sich der Gefahr aussetzen würden, den Zweck, welchen sie erstreben, nicht zu erreichen, so sind sie dahin übereingekommen, nicht, um den Beitritt der Regierung der Vereinigten Staaten zu erlangen, den Beginn der vorerwähnten Operationen über die Zeit hinaus aufzuschieben, um welche ihre vereinigten Streitkräfte in der Nähe von Vera - Cruz versammelt sein können.

Art. 5. Die gegenwärtige Convention soll ratificirt und die Ratification derselben binnen vierzehn Tagen ausgetauscht werden.

Anfänglich und nach dem Inhalte der Convention scheint die Idee vorgewaltet zu haben, dass eine einfache Blockade der Häfen im mexikanischen Golfe und gemeinschaftliche Maassregeln am Littorale desselben genügen würden, den Zweck zu erfüllen. Wie diese Idee hat entstehen können, ist kaum einzusehen. Zwangsmaassregeln am Littorale haben die verschiedenen Parteien in Mexiko so oft erfolglos angewendet, dass gar nicht anzunehmen war, dass die Anwendung solcher Maassregeln durch Fremde einen wirksameren Erfolg haben werde. Grade die Geschichte der letzten Zeit, wo die Regierung in Mexiko durch den, den Hafen von Vera-Cruz occupirenden Gegenpräsidenten allerdings genirt, aber nicht gehemmt war, und wo nachgrade beide Regierungen, die von Vera-Cruz und die von Mexiko, unmöglich wurden, hat dies dargethan.

Es ist überhaupt unerklärlich, wie man auch nur einen Augenblick annehmen konnte, dass eine weitere Schwächung und Lähmung der schon überschwachen Regierung, wie sie die Occupirung der Häfen mit sich bringt, sie nun eher in Stand setzen werde, ihre eingegangenen Verpflichtungen zu erfüllen. Jede Maassregel, die auf eine Schwächung der Mexikanischen Regierung hinausläuft, ohne eine stärkere Regierung an ihre Stelle zu setzen, führt unmittelbar von dem Zwecke der Mächte noch weiter ab, und schiebt das, was sie erreichen wollen, noch weiter in die Zukunft.

Eine nähere Erwägung der thatsächlichen Umstände scheint daher schon vor dem Eintritte der Expedition auch zu der Ueberzeugung geführt zu haben, dass diese

Maassregeln den Zweck nicht erreichen lassen würden. Es schien sich daher um eine vollständige Occupation des Landes, mithin um Besetzung der Hauptstadt und um Einsetzung einer anderweiten, die Forderungen der Mächte und die künftige Ruhe, Sicherheit und materielle Entwickelung des Landes sicherstellende Regierung zu handeln. Wenigstens standen hiermit die kräftigen militairischen Maassregeln im Einklange, welche die Alliirten zu Lande und zur See zur Erreichung ihres Zweckes trafen.

Sie bestehen in Folgendem:

Spanien hat im October und November v. J. ein grösseres Geschwader in der Havana, für die Expedition nach Mexiko bestimmt, zusammengezogen. Es besteht aus den Schrauben-Fregatten:

    Princesa de Asturias 50,
    Lealdad 41,
    Concepcion 37,
    Petronita 37,
    Berenguela 37,
    Blanca 87;

ferner den Räderdampfern:

    Isabel la Catolica 20,
    Francisco de Asis 20,
    Blasco de Garay 6,
    Pizarro 6,
    Velasco 6,
    Ferrol 4 und
    Guadalquivir 2;

2 Transportschiffen Ferrol und Numen à 3 Gesch. — 2 Gabarren, 5 gemietheten Dampf- und eben so vielen, ebenfalls gemietheten Segel-Transportschiffen.

Der Chef dieses Geschwaders (Jefe de escuadra) D. Joaquin Gutierrez de Rubalcava y Casal hatte seine Flagge auf der Isabel la Catolica und der zweite Commandant die seinige auf der Berenguela gehisst. Man hatte ausserdem noch 5 Schiffe von 800—1000 Tons für den Transport der Cavallerie, des Artillerie-Parks und der Lebensmittel bestimmt. Die spanische Flotte stellte sich also so auf 32 Fahrzeuge, von denen 17 Kriegsfahrzeuge sind; sie führte ausserdem 12 Landungsprähme mit sich und war im Stande, 3000 Menschen auf einmal an's Land zu setzen, die sich unter dem Schutze der gezogenen Bootsgeschütze, mit denen jene Prähme ebenfalls armirt sind, debarquiren sollen.

Die Expedition wurde mit Kohlen und Lebensmitteln auf 3 Monate und ausserdem mit 300,000 Magazin-Rationen versehen und führte 80 Paar Zugochsen mit sich. In Havana verblieb noch eine Reserve von 6 kleineren Kriegsfahrzeugen.

Das Commando der auf dieser Escadre eingeschifften Truppen hat anfangs der General D. Manuel Gasset, der sich auf dem Francisco de Asis eingeschifft, geführt, bis es durch Königliche Ordre vom 13. November v. J. dem General-Lieutenant D. Juan Prim, Conde de Reus, Marqués de los Castillejos übertragen wurde, welcher Letztere seitdem in Vera-Cruz eingetroffen ist.

Dieses Landungs-Corps setzt sich zusammen aus:
4 Inf.-Bataillonen à 800 Mann, nämlich:
  1 batallon infanteria del rey,
  2° id.
  Napoles 1°,
  Cuba 1°;
2 Jäger-Bataillonen von gleicher Stärke:
  Cazadores de Bailen und
  Cazadores de la Union;
1 Pionier-Bataillon von 200 Mann,
Fuss-Artillerie 350 Mann,
Berg-Artillerie 130 Mann,

Cavallerie del rey 150 und Gensd'armerie-Truppe (guardia civil) 35 Mann. Es hat die Havana verlassen in der Stärke von: 15 Oberoffizieren, 300 Offizieren, 5777 Unteroffizieren und Soldaten und 247 Pferden und Maulthieren und ist am 20. Dezember v. J. in Vera-Cruz am Lande, nach Abrechnung der inzwischen Verstorbenen und der Kranken, mit 15 Oberoffizieren, 299 Offizieren, 5699 Mann und 236 Pferden und Maulthieren, disponibel gewesen.

Diese Landungs-Division ist vornehmlich aus der Garnison der Insel Cuba entnommen worden, woraus es allein erklärlich, dass sie, trotzdem das gelbe Fieber bereits auf den Schiffen herrschte, in so vollzähliger Stärke an ihrem Bestimmungsorte ankam. — Die Garnison von Cuba wird immer aus dem Mutterlande und zwar aus Eliten dorthin gesandt und müssen die Leute dort 5 Jahre gegen doppelte Löhnung bleiben. Obgleich nun ein grosser Theil, fast 25 $\frac{0}{0}$ dem mörderischen Clima unterliegt, so sind die Ueberlebenden doch eher an dieses gewöhnt und deshalb besser als jede andere europäische Truppe geeignet, eine Expedition in einer so heissen, ungesunden Gegend, wie die an der Küste des mexikanischen Golfs, auszuführen.

Die spanischen Soldaten auf der Insel Cuba sind für jene Verhältnisse vortrefflich gekleidet, ausdauernd und genügsam, dabei beweglich, gut disciplinirt und exercirt. Die Infanterie ist mit dem glatten Percussionsgewehr, die Jägertruppe mit Büchsen und die Cavallerie mit Lanzen bewaffnet; die Geschütze der Feld- und Berg-Artillerie sind leicht, 6- und 4-Pfünder; auch scheinen bereits gezogene Geschütze bei derselben zu sein.

Das spanische Geschwader ist von Havana in 3 Divisionen am 29. November, 1. und 2. Dezember v. J. nach dem mexikanischen Golf abgegangen, unter grossem Zulauf von Menschen und enthusiastischem Zuruf.

Am 4. waren die Divisionen wieder vereinigt und steuerten — die Segelschiffe im Schlepptau der Dampfer — der mexikanischen Küste zu, die sie mit dem Pic von Orizaba am 9. in Sicht bekamen, und am 10., um 1½ Uhr Mittags war das ganze Geschwader bei Cap Anton Lizardo vor Anker, nachdem der Admiral beim Passiren von Sacrificios von der englischen Fregatte Foudre und der französischen Fregatte Ariadne, die sich schon dort befanden, salutirt worden war.

Es ist bemerkenswerth, dass das spanische Geschwader diejenigen der verbündeten Franzosen und Engländer nicht abgewartet hat, sondern diesen vorausgegangen ist. Es haben hierüber englischer und französischer Seits bei dem spanischen Gouvernement Reclamationen stattgefunden, die zu einer Art von, indess nicht ganz befriedigend befundener Entschuldigung geführt haben. Die Sache war indess nicht mehr zu ändern. Besonders in England hatte das isolirte Vorgehen missfallen. Auch das numerische Verhältniss der spanischen Expedition erregte eine gewisse Unzufriedenheit.

Das französische Geschwader, unter dem Commando des Contre-Admiral Jurien de la Gravière, bestand anfänglich aus dem Schrauben-Schiffe Masséna 90, aus den Schrauben-Fregatten
    Ardente 56,
    Guerrière 34,
    Astrée 28, und aus
den Dampf-Corvetten:
    Montézuma 16,
    Aube 4, und
    Chaptal 2.

Es ist am 11. Dezember vor Port de France auf Martinique angekommen, hat dort ein halbes Bataillon Marine-Infanterie, 40 Gensd'armen, 25 Eingeborne als Arbeiter und deren 250 zur Completirung der Schiffs-Equipagen eingenommen, und diese Rhede am 17. wieder

verlassen. Vom 22. bis 23. ist der Admiral vor Port Royal auf Jamaica vor Anker gewesen und dann am 27. Dezember mit seinen 5 Schiffen in Havana eingetroffen, welchen Hafen der Montézuma und die Aube auf directem Wege von Martinique erreicht hatten. — Hier fand der Admiral ausser den beiden genannten an Fahrzeugen noch ferner vor:
Berthollet 10,
Lavoisier 6,
Marceau 2,
Grénade 4,
Meuse 4,
Sèvre 2,
und ausserdem 3 Dampf-Kanonenboote, so dass sich sein Geschwader nunmehr aus 18 Fahrzeugen mit zusammen 6000 Pferdekraft, 330 Kanonen und 5600 Mann Besatzung zusammensetzte.

Dasselbe hatte:
1 Bataillon Zouaven,
1 Bataillon Chasseurs d'Afrique und
1 desgl. Marine-Infanterie,
nebst Artillerie an Bord, im Ganzen circa 3000 Mann, unter Commando des Generals Lorren. — Erstere, die in Mostaganem in Algier eingeschifft worden sind, sollten nach einer Disposition des Admirals, als gleichzeitigen Commandanten en Chef der Landungs-Truppen bis zur Ankunft des Generals Lorencez, die Reserve, und die übrigen Truppen das Gros bilden, welches noch durch zwei aus Matrosen der Schiffsbesatzungen gebildeten Corps verstärkt wurde, von denen eines Infanterie-Dienst, unter dem Namen „fusiliers marins" zu versehen, das andere die mitgebrachten Gebirgshaubitzen zu bedienen hatte.

Das so zusammengesetzte französische Geschwader verliess die Havana am 2. Januar d. J., gleichzeitig mit dem spanischen General Prim, der sich auf dem inzwischen nach dort zurückgesandten Dampfer Francisco de Asis befand, und ankerte am 7. Januar cr. vor Vera-Cruz. Das französische Truppen-Corps ist seitdem aber, mit Rücksicht auf die vorgedachte verhältnissmässig grössere Stärke des spanischen Theils der Expedition, verstärkt worden und zwar haben das Linienschiff Turenne, die Räder-Dampffregatte Darien und das Transportschiff Amazone, mit dem 99. Linien-Infanterie-Regiment, am 2. Februar Cherbourg und die Fregatten Asmodée und Canada, mit dem 1. Bataillon Chasseurs à pied, Toulon am 30. Januar verlassen.

Der Dampfaviso Forfait ist ebenfalls von Cherbourg aus mit dem Brigade-General Graf Lorencez und seinem Stabe in See gegangen, um sich direct nach Vera-Cruz zu begeben, wo man seine Ankunft zwischen dem 15. und 20. Februar erwartete.

Das Linienschiff Napoléon, gleichfalls für die Expedition nach Mexiko designirt, hat Contre-Ordre erhalten. —

Der englische Theil der Expedition ist an See-Streitkräften der stärkste und besteht aus:

Linienschiff Nile 91 (Flaggschiff),
„ Conqueror 99 (seitdem auf den Bermudas gestrandet),
„ Donegal 99,
„ St. George 91,
„ Sanspareil 70;
Fregatten Immortalité 51,
„ Phaeton 51,
„ Mersey 40,
„ Ariadne 26;
der schwimmenden Batterie Terror 20,
den Corvetten Challenger 22 (Commodore Dunlop),
Cadmus 21,
Jason 21,

den Corvetten Rinaldo 17,
Racer 11, und den
kleineren Fahrzeugen Desperate 9,
Barraconta 6,
Spiteful 6,
Hydra 6,
Nimble 5,
Landrail 5,
Cygnet 5,
Plover 5, neuerdings bei Alvarado an der mexikanischen Küste verloren gegangen,
Medea 6,
Bulldogg 6.

Diese Flotte führt somit 739 Geschütze und 8938 Mann Besatzung, worin die Landungstruppe, 1 Bataillon von 700 Mann Marine-Soldaten, unter Oberst Lowder nicht mit inbegriffen ist.

Das Gros dieses Geschwaders, dessen Befehl Rear-Admiral Sir A. Milne übernommen hat, war bis Anfang Januar noch nicht vor Vera-Cruz eingetroffen, nur ein Theil desselben unter Commodore Hugh Dunlop.

Die Nachsendung von 3—4000 Mann englischer Truppen war anfangs in Aussicht genommen, als man noch die Absicht hatte, das britische Contingent auf dieselbe Anzahl, wie das französische und spanische zu bringen.

Ein Theil der vereinigten maritimen Streitkräfte hat sich nach der Ausschiffung der Truppen nach Havana zurückbegeben, theils um den ungesunden und unsicheren Aufenthalt auf der Rhede von Vera-Cruz zu vermeiden, theils um noch Material, Lebensmittel und Kohlen von dort der Armee zuzuführen.

Die Blockade der mexikanischen Küste des stillen Oceans und die Besetzung der Häfen von Acapulco,

San Blas und Mazatlan war gleichfalls englischerseits anfangs in Aussicht genommen worden. Es unterliegt keinem Zweifel, dass die politischen Zwecke, welche die Expeditionsmächte, einzeln genommen, verfolgen, einen grossen Einfluss auf die militairischen Operationen, auf ihre innere Uebereinstimmung und somit auf die Erfolge selbst, ausüben werden. In dieser Beziehung dürfte schwerlich eine grosse Identität der Ansichten vorauszusetzen sein. Es liegt in der Natur der Sache, dass die Spanier mit anderen Gefühlen, mit anderen Ideen, als die Franzosen und Engländer, den mexikanischen Boden, an welchen sich für sie die glorreichsten Erinnerungen ihrer eigenen Grösse knüpfen, betreten. — Zweiundvierzig Jahre freilich sind es her, dass die spanische Herrschaft über jenes reiche Land definitiv aufgehört hat, aber die in Mexiko verbliebene spanische Race, welche die eigentliche Nation bildet — die Indier kommen, wie gesagt, moralisch kaum in Betracht — wird doch von den Spaniern als ursprünglich zu ihnen gehörig, als von ihnen abgefallen, als Abtrünnige betrachtet, auf welche sie andere Rechte, andere Ansprüche haben, als die Franzosen und Engländer. Mindestens werden die Mexikaner selbst bei den Spaniern andere Absichten, andere Ziele, als bei den Engländern und Franzosen voraussetzen, und daher den Widerstand gegen diese grösser und nachhaltiger machen. Dadurch werden die Spanier ihrerseits zu schärferen Maassregeln gezwungen werden und die militairische Combination der Mittel, die durch die politische Gleichartigkeit der Zwecke unterstützt wird, dürfte hierdurch eine wesentliche Beeinträchtigung erfahren. Sie wird schon unter den Truppen der handelnden Mächte Eifersucht hervorbringen, und es dürfte kaum zu erwarten sein, dass eine gemeinschaftliche Operation sie einander sehr nahe bringen wird. Es muss auf diesen Umstand, weil er auf die wahrscheinliche isolirte militairische

Operation der Truppen jeder der drei Mächte hinweist, schon hier aufmerksam gemacht werden.

Näher werden sich hierbei allerdings die Franzosen und Engländer stehen, aber eine völlige Gleichartigkeit der politischen Zwecke dürfte auch bei ihnen kaum vorauszusetzen sein. England hat bisher in Amerika das monarchische Princip keineswegs begünstigt, es hat in Mexiko an der Bildung der republikanischen Verhältnisse einen wesentlichen Antheil gehabt, und in einer, bis zu einem gewissen Grade gehenden Schwäche der republikanischen Regierungen in den vormals spanischen Colonien auf dem amerikanischen Continente, für seine eigene Politik und Handelsinteressen weit mehr seine Rechnung gefunden, als dies bei starken, monarchisch begründeten Staaten hätte der Fall sein können.

Es wäre auch zu verwundern, wenn England die sich ihm jetzt darbietende Gelegenheit nicht benutzen wollte, die bisher vermiedene definitive Regulirung seiner Niederlassung auf der Ostküste von Yucatan in Belice in den Bereich seiner Ansprüche zu ziehen.

Diesem gegenüber steht Frankreich anscheinend uneigennütziger da; seine materiellen Interessen, die Zahl und Wichtigkeit seiner, meist dem Kleinhandel angehörigen Unterthanen in der Republik und folgeweise der Belauf ihrer Reclamationen, in Betreff deren Frankreich stets rücksichtsvoller gegen Mexiko war, als Spanien und England in Betreff der ihrigen, stehen weit hinter denen Spaniens und Englands zurück, und würden wahrscheinlich ein Einschreiten seinerseits nicht veranlasst haben, wenn nicht Gründe von höherer politischer Bedeutung dazu vorgewaltet hätten. Jedenfalls dürften die Franzosen bei den Mexikanern unter den drei occupirenden Mächten verhältnissmässig die grössten Sympathieen und ihre politischen Rathschläge den meisten Eingang finden. Sie haben ohnehin den Engländern gegenüber den Vortheil des Einflusses auf den mächtigen Clerus voraus, welchen die Gleichartigkeit der Religion giebt.

Den Spaniern gegenüber haben sie den Vortheil, dass ihre Bestrebungen uneigennütziger erscheinen und ihr Auftreten und Wirken in Mexiko daher milder und gewinnender sein wird. Die politischen Zwecke der kaiserlichen Regierung werden daher in Mexiko weit leichter Eingang finden; Frankreich wird sich dessen bald bewusst werden, und da in dem Maasse, als dies der Fall sein wird, auch das politische Ziel vielleicht in einen um so stärkeren, besonders bei der definitiven Regelung der Verhältnisse hervortretenden Gegensatz zu seinen Aliirten kommen dürfte, lässt sich erwarten, dass auch dadurch die militairischen Combinationen nicht unberührt bleiben werden. Schon ein einfacher Blick auf den ganzen Gang der Verhandlungen über die Vorbereitung der Expedition genügt, die Verschiedenheit der politischen Zwecke darzuthun, welche die drei Mächte verfolgen und wird viel zur Erklärung der späteren Verschiedenheit in der militärischen Operation beitragen.

Die Sammlung von Depeschen, welche in dieser Hinsicht dem englischen Parlament übergeben ist, ergiebt im Allgemeinen Folgendes:

Zu Anfang des vorjährigen Herbstes war zum ersten Mal von einer Nothwendigkeit entschiedenen Einschreitens in Mexiko die Rede gewesen. Spanien that in dieser Hinsicht den ersten diplomatischen Schritt, indem Marschall O'Donnel Anfangs September dem britischen Gesandten in Madrid zu wissen that, dass sich die Regierung Ihrer Cath. Majestät gezwungen sehen werde, zum Schutz ihrer Unterthanen in Mexiko entschiedene Maassregeln zu ergreifen. Gleichzeitig bemerkte jedoch O'Donnel, dass von einer permanenten Intervention nicht die Rede sei, und dass die Cooperation Englands und Frankreichs überaus wünschenswerth wäre. Es wurden über diese Eröffnung mehrere Depeschen gewechselt.

Am 23. September aber schon bemerkte der französische Gesandte in London gegen Earl Russel, es dürfte ausser den Genugthuungsforderungen auch nothwendig werden, „einen Plan zur politischen Reorganisation Mexiko's zu entwerfen." Darauf hin lässt Lord Russel Herrn Thouvenel durch Lord Cowley sagen, die englische Regierung wünsche von Mexiko nur die Sicherstellung ihrer Unterthanen und die Einhaltung der eingegangenen Verbindlichkeiten zu erzwingen, sei übrigens bereit, diesen Zweck gemeinschaftlich mit den beiden anderen Mächten anzustreben.

Dieses Princip wird von Lord Russel in allen seinen späteren Depeschen festgehalten und wiederholt betont. Er hält noch im October nicht viel von dem Plane, vermittelst einer bewaffneten Intervention die Parteikämpfe in Mexiko zum Stillstand zu bringen, aber er glaubt doch schon, es sei gerathener, Spanien nicht allein einschreiten zu lassen, da sich dieses wahrscheinlich ungebührlich in die inneren Angelegenheiten des Landes mischen würde. Als „wesentliche Bedingung" für den Abschluss einer betreffenden Tripel-Convention bezeichnet er, dass die Vereinigten Staaten von Nordamerika zum Beitritt eingeladen werden sollen. Dabei erklärt er sich fortwährend gegen eine längere Occupation, zumal durch spanische Truppen, welche bei den Mexikanern Verdachtgründe mancherlei Art wachrufen würden, abgesehen davon, dass dadurch allenthalben, zumal bei den Vereinigten Staaten, Aufregung entstehen würde. „Letzteres dürfte nur dann unberücksichtigt bleiben — schreibt er —, wenn irgend ein hervorragendes Ziel, dessen Verwirklichung ziemlich verbürgt wäre, angestrebt werden soll."

Die französische Regierung war Anfangs October, d. i. vor der Zeichnung der Convention, mit diesen Ansichten Russells vollkommen einverstanden, nur wollte sie es nicht als eine bewaffnete Einmischung gelten lassen, wenn eine grosse Partei in Mexiko, aufgemuntert durch die Nähe europäischer Streitkräfte, die bisherige Tyrannenwirthschaft stürzen sollte.

Die spanische Regierung ihrerseits beruhigte England über ihre Absichten, und am 20. September erklärte O'Donnell: „Spanien habe, indem es England und Frankreich zur Cooperation einlud, einen hinlänglichen Beweis gegeben, dass es sich in Mexiko keine ausschliesslichen Vortheile erkämpfen wolle und noch weniger eine Eroberung oder Wiedereinverleibung irgend eines Theiles des mexikanischen Gebietes beabsichtige. Seiner Ansicht nach könne für Spanien nichts so schädlich sein als die Wiedergewinnung seiner früheren amerikanischen Besitzungen . . . . Die kürzlich erfolgte Acquisition Santo Domingos strafe diese Ansicht scheinbar vielleicht Lüge, doch sei Santo Domingo, vermöge seiner Lage nahe bei Cuba, ein wichtiger Punkt zur Behauptung des Letzteren, also gewissermassen eine Ausnahme von der Regel."

Von da an wurde Spanien immer dringender. „Wir können, so schreibt O'Donnell, die Expedition nicht über den November hinaus verschieben, die Minister könnten es vor den Cortes nimmer verantworten." Dabei versichert er: „Spanien will weder erobern noch auch eine monarchische Regierung zu Gunsten eines europäischen Prinzen oder irgend einer Person in Mexiko gründen. Eben so wenig bezweckt Spanien, eine oder die andere der streitenden Parteien daselbst an die Spitze der Republik zu stellen. Deshalb stimmt auch die spanische Regierung ohne Anstand mit den Ansichten der britischen Regierung überein, dass keine bewaffnete Einmischung in die inneren Angelegenheiten Mexikos versucht werden sollte."

Nachdem M. Thouvenel in der ersten Hälfte des Monats October ähnliche Erklärungen abgegeben hatte, wurde am 31. October die erwähnte Convention gezeichnet und gemäss ihrer limitirten Operationsobjecte begnügte sich die britische Regierung mit der Absendung von 2 Linienschiffen, 4 Fregatten und 700 Seesoldaten. Der britische Admiral wurde angewiesen, sich mit den französischen und spanischen Obercommandanten in Correspondenz zu setzen und gemeinschaftlich mit diesen zu verlangen: Erstens — Volle Genugthuung und Schadenersatz für die den 3 Staaten zugefügte Unbill. Zweitens — Uebergabe der Forts von Vera-Cruz an die Truppen der drei Regierungen, als Bürgschaft für die Erfüllung der eventuell aufzustellenden Bedingungen. Der britische Gesandte in Mexiko, Sir Charles Wyke, erhielt die Weisung, sich, den Stipulationen der Convention zufolge, als Civilcommissar dem Admiral zur Verfügung zu stellen, und erhielt überdies gemessene Verhaltungsbefehle betreffs der politischen Haltung, die er hinfort einzunehmen habe. Darunter folgende: „Sollte irgend ein Mexikaner oder irgend eine mexikanische Partei Sie über derartige Angelegenheiten um Rath fragen, so wollen Sie sich dahin äussern, dass jede regelmässige Regierungsform, welche Leben und Besitzthum der Eingeborenen und Ausländer zu schützen die Macht hat, und nicht gestatten wird, dass britische Unterthanen wegen ihrer Beschäftigung, ihrer Eigenthumsrechte oder ihrer Religion belästigt oder angegriffen werden, der moralischen Unterstützung von Seiten der britischen Regierung sicher sein könne."

Die Convention war nicht lange gezeichnet, da begann die französische Regierung auf die etwa möglichen Folgen ihrer Verwirklichung aufmerksam zu machen. Was z. B. würden die verbündeten Mächte beginnen, sollten die Mexikaner Vera-Cruz räumen und sich auf keinerlei Unterhandlungen einlassen? Die Alliirten könnten in einem derartigen Falle doch nicht Gewehr im Arm stehen bleiben! Es dürfte dann doch ein Marsch gegen Mexiko unerlässlich werden! Darauf scheint Lord Russell keine andere Antwort gegeben zu haben, als dass die Truppen Englands sich einem solchen Marsche nicht anschliessen würden. Vierzehn Tage nach Unterzeichnung der Convention war in Europa die Nachricht eingetroffen, der spanische General-Capitain von Cuba habe die spanische Expedition abgehen lassen, ohne auf die Verbündeten zu warten. Zugleich aber kamen von Spanien Erklärungen über diese Eilfertigkeit, welche sie gewissermaassen entschuldigten. Der spanische Commandeur werde im Namen aller drei Mächte auftreten, so hiess es unter anderem in der betreffenden Erklärung. Aber so wie die Truppenzahl der von Spanien entsandten Armee und die eilige Absendung der spanischen Expedition aus Cuba bekannt wurde, erhielt Graf Flahault, der französische Gesandte in London, den Auftrag, zu erklären, dass die Schwierigkeiten der Expedition sich vermehrt hätten, „dass eine Vorrückung der Alliirten in's Innere von Mexiko jetzt unvermeidlich geworden zu sein scheine, und würde die früher stipulirte Truppenzahl nicht allein ungenügend zu einer derartigen Operation sein, sondern diese selbst würde einen Character annehmen, der es dem Kaiser nicht gestatten könne, dass die französische Armee-Abtheilung eine untergeordnete Stellung der spanischen gegenüber einnehme, oder der Gefahr einer Compromittirung ausgesetzt werde. Se. Kaiserl. Majestät habe sich, von diesen Rücksichten bewogen, entschlossen, 3000 bis 4000 Mann als Verstärkung nach Mexiko nachzuschicken."

Lord Russel bemerkte dem französischen Gesandten, dass er diesen Entschluss des Kaisers mit Bedauern vernehme, dass aber England deshalb seine Expeditions-Armee nicht verstärken werde. Zu gleicher Zeit liess

er durch seinen Gesandten in Madrid die Aufmerksamkeit der spanischen Regierung auf den „Ton der von ihrem General in Mexiko erlassenen Proclamation" richten und sie an diejenigen Stellen der Convention erinnern, „in denen genau gesagt ist, was unsere Intervention bezweckt und was sie nicht bezweckt."
Im Laufe des Monats Januar wird in diesen Depeschen plötzlich der Name des Erzherzogs Max erwähnt. Cowley will nämlich von verschiedenen Seiten gehört haben, dass französische, nach Mexiko kommandirte Offiziere geäussert hätten, es handle sich darum, den österreichischen Erzherzog auf den mexikanischen Thron zu setzen. Diese interessante Neuigkeit scheint somit dem englischen Gesandten zuerst aus den Kasernen zugeflossen zu sein (wenn übrigens gewisse Depeschen nicht unterdrückt worden sind), und er erachtet sie für wichtig genug, ihretwegen Herrn Thouvenel zu befragen. Dieser sagt ihm, es seien zwischen dem französischen und österreichischen Kabinette betreffs des Erzherzogs Max keine Verhandlungen in der Schwebe gewesen (no negotiations had been pending), es seien diese Unterhandlungen blos von Mexikanern geführt worden, die zu diesem Zwecke herüber gekommen und nach Wien gereist seien."

Für Lord Russell scheint in obiger Mittheilung Thouvenels nichts besonders Ueberraschendes gelegen zu haben. Er bemerkt nur: „Wenn das mexikanische Volk aus freiem Antrieb (by a spontaneous movement) den österreichischen Erzherzog auf den Thron von Mexiko setzt, so ist vom Standpunkt der Convention dagegen nichts einzuwenden. Auf der andern Seite könnten wir uns bei einer gewaltsamen Intervention zu diesem Zwecke nicht betheiligen. Die Mexikaner müssen ihre eigenen Interessen zu Rathe ziehen."

Dass hier noch manches vorgefallen ist, was in der vorliegenden Sammlung nicht aufgenommen worden ist, unterliegt kaum einem Zweifel, eben so wenig wird man verkennen, dass die grosse Spinne dieses weitgreifenden Netzes ihren Sitz in Paris hat. Manche andere, sonst instructive Depesche, lassen wir unerwähnt, und geben hier noch aus der, von Lord Russell an den britischen Gesandten in Madrid gerichteten, folgende Stelle: „Sollten die Mexikaner eine neue Regierung constituiren, welche im Stande ist, die Ordnung wieder herzustellen, und freundschaftliche Beziehungen mit fremden Nationen zu pflegen, dann wird Ihrer Majestät Regierung entzückt sein, die Bildung einer solchen Regierung begrüssen, ihrer Consolidirung Unterstützung gewähren zu können. Sollen dagegen die Truppen fremder Mächte gebraucht werden, um eine, den Gefühlen der Mexikaner widerstrebende Regierung einzusetzen und sie mit bewaffneter Macht zu halten, dann könnte Ihrer Majestät Regierung von einem derartigen Versuche keinen anderen Erfolg als Uneinigkeit und Enttäuschungen erwarten. In einem solchen Falle bliebe den verbündeten Regierungen nur die Wahl, sich von einem derartigen Unternehmen mit einiger Schande zurückzuziehen, oder ihre Intervention über die Grenzen, den Zweck und die Absicht der Tripelconvention auszudehnen."

Schon aus diesen Vorverhandlungen ist die Divergenz in den Ansichten der Mächte, welche die Tripel-Allianz geschlossen hatten, ersichtlich. Es war zu erwarten, dass alle diese Umstände anfangs weniger, als mit dem fortschreitenden Gange der Operation ihren Einfluss üben würden, obwohl sie auch schon bei der Einleitung des Unternehmens deutlich genug hervorgetreten sind, wie sich später noch näher ergeben wird.

Es wurde indess gleich anfangs englischer und französischer Seits übel vermerkt, dass das spanische Geschwader, trotzdem die Havana als allgemeines Rendezvous und als Ausgangspunkt der ganzen Expedition von vorn herein bestimmt war, ohne die Alliirten abzuwarten, sofort die Operationen gegen Vera-Cruz und das Fort von Ulua begann. Das spanische Geschwader hatte sich, wie vorn bemerkt, am 10. Dezember pr. vollzählig in der Nähe von Vera-Cruz gesammelt. Eine sofort erlassene Aufforderung an die Behörden dieser Stadt, zur Uebergabe derselben, sowie des Forts von Ulua und die Einsicht des dortigen mexikanischen Befehlshabers, dass er einem etwaigen Angriffe doch würde keinen Widerstand leisten können, hatte auf Anordnung des Gouverneurs von Vera-Cruz, der mit allen Behörden den Ort verliess, die gänzliche Räumung beider Plätze zur Folge, was auch dem spanischen General Gásset unverzüglich angezeigt wurde. Das herrschende schlechte Wetter, mit anhaltendem, dort gewöhnlichen nördlichem Sturm (Norte) verzögerte die Ausschiffung der Truppen bis zum 17. und erst an diesem Tage wurde sowohl die Stadt Vera-Cruz als das Fort San Juan de Ulua feierlich in Besitz genommen. Bei dieser Gelegenheit hatte der spanische Befehlshaber auf beiden Orten die spanische Flagge allein gesetzt, trotzdem die Occupation ausdrücklich im Namen der drei verbündeten Mächte geschehen war. Erst nach Ankunft der französischen und englischen Geschwader und nach dieserhalb gepflogenen Unterhandlungen wurden auch die französischen und englischen Flaggen gehisst, von denen die erstere unter den dreien die mittelste Stelle einnahm.

Beide Punkte waren, wie gesagt, gänzlich von der Besatzung verlassen, der sich auch ein grosser Theil der Einwohner auf ihrem Zuge nach dem Innern angeschlossen, und die den grössten Theil des beweglichen Artillerie-Materials mit sich fortgeschleppt hatte. Einen Theil des übrigen hatte man unbrauchbar zu machen gesucht oder in's Wasser geworfen; nichtsdestoweniger fanden sich in dem Fort von Ulua noch 60 schwere eiserne Geschütze und eine Menge Eisenmunition vor. In dem Innern desselben waren Thüren und Fenster zerstört, auch hatte man versucht, das Licht des Leuchtthurms unbrauchbar zu machen, was indess nicht gelungen war.

Das Gros der spanischen Expedition selbst wurde in der Stadt Vera-Cruz untergebracht, die städtische Autorität, jedoch unter Mitwirkung eines Kriegsgerichts, wieder eingesetzt und Ruhe und Ordnung hergestellt, so dass ein Theil der abgezogenen Einwohner an seinen Heerd zurückkehren konnte. Unter diesen Umständen trafen die französischen und englischen Streitkräfte vor Vera-Cruz am 7. Januar d. J. ein, und schon am 9. begann die Ausschiffung der Truppen, die in den bisher von den ersten Ankömmlingen inne gehabten Kasernen untergebracht wurden, während die Spanier den Vorpostendienst übernahmen, indem sie ausserhalb der Stadt Cantonnements bezogen.

Die mexikanische Republik, augenblicklich unter der Präsidentschaft von Don Benito Juarez, einem Advocaten, welcher, obwohl aus indischer Race stammend, doch eine vollkommen europäische Bildung besitzt, hatte, wie erwähnt, Vera-Cruz und Ulua, die einzig nennenswerthen Befestigungen im Lande ohne Schwertstreich aufgegeben, da man wohl einsah, dass die eine ohne die andere nicht zu halten war. Wenn auch das Fort dem concentrirten Feuer der Schiffe eine Zeit lang hätte widerstehen können, so wäre doch mit einem energischen Angriffe die Communication mit Vera-Cruz selbst vollständig unterbrochen worden, von dem es überhaupt nur $\frac{3}{4}$ englische Meilen entfernt liegt.

Auch hätte die aus einer einfachen bastionirten Front bestehende Befestigung der letzteren das Eindringen einer Sturm-Colonne kaum verhindern können, da gezogene Geschütze eine Bresche in derselben mit Leichtigkeit zu Wege gebracht hätten. Juarez hat als Antwort auf das aggressive Vorgehen der Alliirten eine Proclamation erlassen — von fast nichtssagendem Inhalte, und ein

Truppen-Corps von angeblich circa 20,000 Mann (sichere Nachrichten über die Stärke desselben fehlen indessen) unter den Befehlen der Generale Doblado, Quijano und Uraga, an der Grenze der Tierra Caliente, wo diese gegen die Tierra templada aufsteigt, zusammen gezogen. — Uraga, welcher die Vorposten commandirt, hat die Räumung von Vera-Cruz und Ulua bewerkstelligt und auch viele Einwohner der ersteren Stadt zum Verlassen derselben dadurch bewogen, dass er diejenigen derselben, die das Eintreffen des Feindes abwarten oder gar demselben Dienstleistungen erweisen oder Lebensmittel zutragen würden, für Verräther des Vaterlandes erklärte und sie mit der Todesstrafe bedrohte.

Mit diesem General, welcher früher mexikanischer Gesandter in Berlin war, haben die spanischen und französischen Befehlshaber auch Zusammenkünfte gehabt, die indessen zu nichts führten.

Seitdem wurde nun Vera-Cruz hauptsächlich von mexikanischen Guerilla-Banden cernirt und die Communication mit dem Innern des Landes abgebrochen. Die Preise der Victualien stiegen natürlich bedeutend, wovon indessen die alliirten Truppen, da sie von See aus verproviantirt werden, nicht gleich anfangs berührt worden sind.

Für die Garnison von Vera-Cruz waren ursprünglich die englischen Truppen bestimmt, während die französischen und spanischen event. vorrücken sollten.

Dieser Vormarsch begann demnächst, wenn auch nur unter dem Namen von Recognoscirungen. Bald nach dem Eintreffen des General Prim, der aus dem letzten marocanischen Feldzuge bekannt ist, stellten sich epidemische Krankheiten im Hauptquartier ein, welche das Vorrücken in gesundere Gegenden auch desbalb nöthig machten, um sich dadurch in Besitz der Umgegend von Vera-Cruz und über das dem Fieber ausgesetzte Terrain hinaus, in die Möglichkeit zu fouragiren zu setzen.

Eine von Vera-Cruz aus nach der Hauptstadt projectirte Eisenbahn, deren Bau vor länger als 10 Jahren begonnen wurde, indess nur auf eine Strecke von 4 Leguas fertig geworden ist, und an welche sich nachher die Strasse nach Jalapa anschliesst, mündet bei einem kleinen Dorfe (Rancho) la Tejeria aus; dieser Ort ist am 11. Januar d. J., ohne dass mexikanischer Seits Widerstand geleistet worden wäre, von dem Zouaven-Bataillon, einem französischen Marine-Bataillon, den spanischen Jägern de la Union, einer Compagnie Engländer und einer spanischen Escadron besetzt worden. Die Verbindung dieses in nordwestlicher Richtung vorgeschobenen Postens mit Vera-Cruz wurde durch die Eisenbahn gesichert. Wir kennen das Terrain an der Stelle, welches die kurze Eisenbahnstrecke von Vera-Cruz, auf dem Wege nach Mexiko hin, durchläuft. Es ist ein ziemlich sumpfiges, mit dichtem Gestrüpp bewachsenes, sich längs des Meeresufers, in einer Entfernung von $\frac{1}{2}$ bis 1 deutschen Meile hinziehendes Land, welches da, wo die Eisenbahn ausmündet, in eine etwas offenere und trockenere, von Bäumen weniger bewachsene Stelle endet.

Wir glauben nicht, dass es sich zum Lagerplatz sehr geeignet hat, weil es noch innerhalb des dem gelben Fieber ausgesetzten Küsten-Rayons liegt und weil das Campiren auf dem Boden nachtheiliger als in den luftigen Kasernen und Kloster-Räumen von Vera-Cruz sein muss. Auch giebt es dort eine sehr lästige Plage, nämlich Ameisen, welche sich selbst durch Stiefeln und Strümpfe Wege nach dem Fusse bahnen und sich in das Fleisch einfressen. — Doch war man, nach den ersten Bülletins der Armee, anfangs mit diesem Punkte zufrieden, bis man bald genug wahrnahm, dass er den Ansprüchen und Hoffnungen namentlich in Betreff der Gesundheit der Leute nicht entsprach.

Weit umher ist das Land unwegsam und wenig bevölkert; auch in Hinsicht auf Verpflegung konnte es daher keine besonderen Vortheile gewähren. Dagegen war es allerdings strategisch wichtig, die Eisenbahnlinie im Besitze zu haben, denn da der Landweg von äusserst schlechter und nach der Einrichtung der Eisenbahn noch mehr vernachlässigter Beschaffenheit ist, so musste es beim weiteren Vordringen und Behufs des Nachschiebens der Bedürfnisse immerhin von erheblicher Wichtigkeit sein, dieses schnellere Beförderungsmittel grade auf einer der schlimmsten und für die Gesundheit gefährlichsten Strecken für die Occupations-Armee zu sichern und zu beherrschen. — Eine weitere Recognoscirung hat die Besetzung des südlich, ungefähr $4\frac{1}{2}$ Legua von Vera-Cruz gelegenen Dorfes Medellin zur Folge gehabt. Die Expedition, ebenfalls aus Truppen aller drei Nationen zusammengesetzt, hatte den Rio Jamapa zu passiren, zu welchem Zwecke die über denselben führende Brücke erst von 40 mitgenommenen Pionieren gangbar gemacht werden musste, indess die Cavallerie durch eine Furth über den Fluss ging. Medellin existirte bereits vor der Eroberung Mexiko's durch die Spanier und ist jetzt ein grösseres Dorf, wohin von Vera-Cruz aus häufige Ausflüge gemacht werden, um dort dem in Mexiko so beliebten Vergnügen des Spiels obzuliegen. Es liegt inmitten einer herrlichen tropischen Vegetation, auf einer etwas erhöhten Stelle, am Ufer des genannten Jamapa-Flusses, der sich $1\frac{1}{2}$ Legua von dort in's Meer ergiesst. Die Lage ist, wenn auch dem Fieber noch ausgesetzt, so doch gesunder, als die unmittelbare Umgebung von Vera-Cruz. Die Truppen finden verhältnissmässig gutes Quartier in den Baulichkeiten des Orts und das Wasser ist von besserer Beschaffenheit und reichlicher vorhanden. Mit dem Eintritt der heisseren Jahreszeit wird aber der Ort trotzdem nicht lange, wenigstens nicht durch andere als die spanischen Truppen aus der Havana besetzt gehalten werden können.

Die Occupation von Medellin ging vor sich, ohne

dass die alliirten Truppen etwas von den mexikanischen gesehen hätten.

Das endliche Ziel eines weiteren Vormarsches muss die Hauptstadt Mexiko sein, da nur von hier aus diejenigen Maassregeln wirksam getroffen werden können, die der Zweck der Expedition sind, nämlich Sicherstellung der Fremden für ihre Person und ihr Eigenthum, Erfüllung der eingegangenen und verletzten Verpflichtungen in Betreff der englischen, spanischen und französischen Forderungen an das mexikanische Staats-Aerar und Kräftigung der Landes-Regierung dahin, dass künftighin Uebergriffe und Vertragsverletzungen unmöglich werden.

Wir glauben kaum, dass dieses Ziel durch Unterhandlungen zu erreichen sein wird. Es wäre eine reine Selbsttäuschung, wenn die Truppen der Alliirten, nachdem, etwa im Wege eines Vertrages, die Differenzpunkte regulirt und die Entschädigungszahlungen festgestellt wären, abziehen sollten.

So wie die Dinge in Mexiko liegen, ist es nicht möglich, dass irgend eine Regierung sich dort consolidire, welche, statt materielle Unterstützungen für diesen Zweck Seitens der Mächte zu erhalten, mit neuen und schwereren Verbindlichkeiten für diese anfangen wollte; es hiesse dies etwa so viel, als wenn ein zwar reiches, aber vollkommen deteriorirtes Landgut aus der Hand des verschuldeten Besitzers gebracht werden sollte, um an einen noch verschuldeteren gegeben zu werden, der nun noch weniger im Stande wäre, eine gute Wirthschaft einzuführen, und die Quellen des Wohlstandes zu wecken und auszubeuten; überhaupt, wenn die fremden Mächte sich nicht gleich anfangs auf Opfer vorbereitet haben, statt unmittelbar Erfolg zu erwarten, so werden sie sich vollkommen verrechnet haben. Schon der nächste Zahlungstermin, nach dem Abzuge der Truppen, wird dies beweisen.

Wenn man daher nicht, um den Schwierigkeiten zu entgehen, welche die vielleicht nicht gehörig erwogenen und mit jedem Tage der beschlossenen Unternehmung immer klarer hervortretenden Umstände mit sich bringen, die Sache durch ein Uebereinkommen, von dem man im Voraus weiss, dass es nicht gehalten werden wird und nicht gehalten werden kann, lediglich formell erledigen will, um sie mit guter Manier materiell im Stich zu lassen, so muss vor allen Dingen der Sitz der administrativen Centralisation, die Hauptstadt, im Besitze der Alliirten sein und von dort aus das Gouvernement auf einer neuen Grundlage, welche auf der Unterstützung der Mächte beruht, neu constituirt werden.

Bei dem Marsche nach der Hauptstadt lassen sich zwei Eventualitäten denken. — Entweder, die Mexikaner geben ihn gutwillig nach — und dies scheint uns fast die näher liegende Eventualität — oder, er muss erzwungen werden.

Der Stand der Sache war demnächst so, dass der Präsident Juarez als Bedingung für die weiteren Verhandlungen, bei denen er schon im Voraus zugestanden, dass die Verträge nicht erfüllt wurden und die Absicht erklärt hat, für eine successive, die innere Administration nicht durch Erschöpfung der Mittel hindernde Abtragung der Verpflichtungen, möglichste Garantieen zu geben, die Zurückziehung aller Truppen bis auf 2000 Mann forderte, welche die Commissarien der Alliirten als Ehrenwache bis nach Orizaba begleiten könnten, wo die Verhandlungen eröffnet werden sollten. — Hierauf ist man nicht eingegangen, und wenn auch die neueren Verhandlungen keinen Erfolg haben sollten, wird es also zur Erzwingung des Marsches nach der Hauptstadt kommen.

Wir glauben nicht, dass dies letztere grosse Schwierigkeiten darbieten würde. Allerdings ist die Truppenzahl der Alliirten nicht gross, aber sie ist, wenn sie sich unter einheitlicher Leitung und Führung befindet, militairisch-technisch und moralisch Allem überlegen, was Mexiko an, wenn auch zahlreicheren, aber völlig undisciplinirten Truppen entgegensetzen könnte. Diese Erfahrung hat selbst der amerikanische Krieg von 1847 bis 48 bestätigt. Die beiden wirksamen Occupationen von Mexiko, nämlich diejenige durch die Spanier bei der Eroberung und dann die durch die Nord-Amerikaner im letzten Kriege, haben ihren Ausgangspunkt in Vera Cruz gehabt und auch nahezu denselben Weg verfolgt, um auf die Hochebene zu gelangen.

Cortez ist erst, oben angekommen, bei Tlascala auf Widerstand gestossen, der indess bei der grossen Ueberlegenheit der europäischen Waffen, trotz der wohl hundertfachen Uebermacht des Feindes, nicht nachhaltig sein konnte.

Die Terrain-Schwierigkeiten, welche die aus der Tierra caliente wohl 6000 Fuss bis zur Hochebene aufsteigenden Cordilleren mit vielen fast uneinnehmbaren Positionen darbieten, wurden von den Indianern damals nicht benutzt, den Eroberer aufzuhalten und zu bekämpfen.

Die Republik Mexiko wird fast genau unter dem 19. Grade nördlicher Breite von einer vulkanischen Erdspalte auf einer Länge von 140 Meilen vom mexikanischen Golfe bis zum stillen Ocean von Südost nach Nordwest durchschnitten, die durch eine Reihe mehr oder weniger erloschener Vulkane auf eine wunderbare Weise bezeichnet wird.

Von Osten nach Westen beginnt diese Reihe: der Vulkan von Tuxtla, ihm folgt der Pic von Orizaba (Citlaltepetl), der Cofre de Perote (Nauhcampatepetl), die Malinche, die Vulkane von Puebla: der Popocatepetl und der Ixtaccihuatl, der Cerro de Ajusco, der Nevado von Toluca, der Jorullo, der Pic von Taneitaro, und schliesst mit den beiden Vulkanen von Colima de nieve und de fuego (Schnee- und Feuer-Vulkane). Diese mächtigen Feueressen, von denen mehrere mit ihren schönlinigen, kegelförmigen Spitzen bis in die Region des ewigen Schnees ragen und von unzähligen kleinen vulkanischen Bergen und Hügeln, gleich Trabanten, umschlossen werden, haben schon den Spaniern bei der Conquista zur Orientirung und Etappenstrasse gedient. Längs der fünf ersteren führt die Strasse von Vera-Cruz nach Mexiko, der Camino real, wie, nach Maassgabe der Beschaffenheit jetzt nur noch sehr uneigentlich, die frühere Stein-Chaussée genannt wird, welche die Spanier angelegt haben und die ihrer Zeit so viel kostete, dass man behauptet, eine Pflasterung von Silber hätte nicht mehr in Anspruch genommen.

Die militairische Orientirung wird durch den bei meist heiterem Wetter stets offenen Blick auf die Berge begünstigt. Die kleineren Gebirgsformationen und Hügel gewähren viele Schluchten und Engpässe, die leicht zu vertheidigen und bei guter Vertheidigung schwer zu nehmen sind, besonders da die Terrain-Kenntniss den Vertheidigern mehr als den Angreifern zu Statten kommen würde. Allein die Befestigungskunde, das Ingenieurwesen ist im Allgemeinen eine terra incognita für die Mexikaner, und erst in dem nordamerikanischen Kriege hat man angefangen, wenn auch nur in beschränkter Weise, vom Terrain Vortheil zu ziehen und die schwierigeren Pässe zu vertheidigen.

Schon beim Angriff auf Vera-Cruz erfuhren die nordamerikanischen Truppen einen Widerstand, der sie zwang, den Platz zu cerniren und zu bombardiren, wonach die Capitulation am 29. März 1847 erfolgte.

Von Vera-Cruz aus führen zwei Wege, beide noch unter spanischer Herrschaft als Caminos Reales — nach der Independenz indess Caminos Nacionales genannt —

angelegt, nach der Hauptstadt. Sie vereinigen sich in der Stadt Puebla (La Puebla de los Angeles) und gehen dann von hier aus gemeinschaftlich über den Pass von Rio frio nördlich vom Berge Ixtaccihuatl in das Thal von Mexiko. Von den beiden oben erwähnten Wegen nach Puebla wendet sich der nördlichere nordwestlich über Jalapa nach Perote und geht dann wieder südwestlich hin nach Puebla, während der andere in westsüdwestlicher Richtung auf Cordoba und Orizaba führt und — den Pic von Orizaba nördlich lassend — dann in ziemlich grader westlicher Direction Puebla erreicht.

Die erstere Strasse war bis zum Jahre 1855 im Gebrauch, während seit dieser Zeit die Diligenzen und Posten den kürzeren, wenn auch beschwerlicheren Weg über Orizaba fast regelmässig eingeschlagen haben.

Alle Wege in der Republik datiren noch aus der spanischen Zeit und sind seit der republikanischen Epoche fast nie ausgebessert oder renovirt worden, so dass ihr Zustand danach keinesweges ein vortrefflicher genannt werden kann. — Die alljährlich Ende April eintretende und bis in den October hin dauernde Regenzeit verwandelt alle Bäche, besonders diejenigen, welche von der Hochebene in die Tierra Caliente hinablaufen, in reissende Ströme, die dann fast immer aus ihrem Bette treten und oft auf der durch Schluchten und Pässe geführten Heerstrasse einen kürzeren Weg suchen, um sich in die See zu ergiessen; sie führen hierbei in ihrem Laufe Steine und alle menschlichen Anlagen mit sich fort; die Strassen sind sonach in jedem Frühjahr durchaus reparaturbedürftig, und nur die Indolenz der Mexikaner und der stete Mangel an den nöthigen Mitteln hat die aus solcher Verwahrlosung der Communicationen entspringenden Inconvenienzen bis jetzt überwinden können.

Die nördliche Route nach Jalapa zu geht, sobald sie das Ende der weiter oben erwähnten Eisenbahn bei der Tejeria verlässt, noch eine Strecke durch das Tiefland, eine meist sandige, wenig bewachsene, oft auch sumpfige Ebene bis zur Puente nacional, wo sie den Rio de la Antigua passirt; dann steigt sie auf einer Strecke von 3 Leguas schon bis zu tausend Fuss über dem Meeresspiegel, passirt hier den Rio del Plan bei dem Orte Plan del Rio und verfolgt das Thal dieses Flusses bis zum Pass von Cerro Gordo, der wiederum weitere 1000 Fuss höher liegt als der vorgenannte Ort. — Hier haben die Mexikaner der nordamerikanischen Armee unter General Scott am 17. und 18. April 1847 zunächst Widerstand geleistet.

Die Position ist in der Art eine vortreffliche, als drei Hügel zwischen der Strasse und dem Rio del Plan, südlich von ersterer und dann der Cerro (Hügel) del Telegrafo und der Cerro Gordo selbst nördlich von ihr sich zur Aufstellung von Artillerie eignen und so das ganze Vorterrain, trotzdem es sehr coupirt und in den Schluchten meist von einer undurchdringlichen tropischen Vegetation bedeckt ist, unter Feuer zu halten im Stande sind; nur die Abhänge der Hügel sind spärlich bewachsen, sehr felsig und steinig, da der vulkanische Charakter des Bodens hier zunächst deutlich hervortritt.

Das südliche Flussufer steigt dann sehr steil an, so dass ein von hier aus gemachter Artillerie-Angriff kaum vorausgesetzt werden konnte; derselbe geschah indess nichts desto weniger und dieser sowohl, wie eine Umgehung von Norden her, zwangen die Mexikaner damals nachdem ihr Führer, der General Santa Anna, schon vorher das Feld geräumt hatte und die Reserven dem Befehl zum Vorgehen nicht nachgekommen waren — unter Zurücklassung von 43 Geschützen zum Aufgeben ihrer Position, zu deren Vertheidigung sie über 12- bis 13,000 Mann disponiren konnten.

Vom Cerro Gordo aus steigt die Strasse bis zu dem 4,300 Fuss über dem Meere liegenden Städtchen Jalapa regelmässig an. Auf dieser Strecke kommt man durch die tropischen Urwälder, die sich auch noch bis über Jalapa hinaus fortsetzen; Palmen und saftige Laubhölzer wechseln mit riesigen Farrnkräutern ab, die unter sich durch Schlinggewächse und Orchideen zu einem undurchdringlichen Ganzen verbunden sind. — Schwärme ven Papageien, Affen und buntfarbigen Insecten bevölkern diese herrliche Landschaft, deren Grossartigkeit durch tiefe Schluchten und in dieselben hinabstürzende Wasserfälle erhöht wird. — Auf den freieren Punkten haben Zuckerrohr- und Cafefelder eine tiefgrüne Decke ausgebreitet, durch welche sich die Bananenbäume in langen Reihen hinziehen. — Der rückwärts gewendete Blick überschaut die monotone Ebene der Tierra caliente, weithin begrenzt durch die blauen Wogen des mexikanischen Golfs, während nach vorn hin die riesigen schneebedeckten Gipfel des Pics von Orizaba und des Cofre de Perote dem Auge ein Ziel setzen.

Inmitten dieser grossartigen Natur liegt das Städtchen Jalapa, mit etwa 14,000 Einwohnern, in altspanischem Style aufgeführt und mit vielen Kirchen und Klöstern. — Es dient, seiner gesunden herrlichen Lage wegen, den Fremden von Vera-Cruz als Sommer-Aufenthalt, um auf diese Weise den Einflüssen des gelben Fiebers zu entgehen.

Hinter Jalapa, welches gegen 20 Leguas von Vera-Cruz entfernt ist, klimmt der Weg in der kurzen Strecke von 8 Leguas bei dem Passe von Las Vigas auf die Höhe von 7,900 Fuss über dem Meere; dieser Pass, sowie der etwas weiter vorn liegende von La Hoya, bieten wiederum Gelegenheit, eine zur Hochebene aufsteigende Armee wirksam aufzuhalten und zurückzuweisen, doch ist dies, obwohl sich an beiden Punkten mexikanische

Verschanzungen vorfanden, in dem nordamerikanischen Feldzuge nicht geschehen. Cortez, der bis hierher einen ähnlichen Weg verfolgte, wie die jetzige Strasse und auf dem ihn die Indianer von Cempoalla begleitet hatten, empfing hier eine Gesandtschaft aus Tlascala, die ihn bestimmen sollte, das tlascaltekische Gebiet nicht zu betreten, sonst ihm indess alle mögliche Hülfe und Unterstützung anbot.

Vier Leguas weiter auf unserer Route liegt Perote am Fusse des 13,400 Fuss hohen Cofre de Perote, der seinen Namen von einem auf seinem Gipfel liegenden, fast quadratischen immensen Porphyrblock herleitet, der diesen erloschenen Vulkan, auf dem indess ein eigentlicher Krater nicht mehr hat entdeckt werden können, schon von weit her kenntlich macht.

Perote (eigentlich San Carlos de Perote) selbst ist ein vierseitiges Fort mit kleinen bastionirten Ecken und einer einfachen, mit Scharten versehenen Umfassungsmauer ohne jeden militairischen Werth, so dass es auch nach der oben erwähnten Schlacht von Cerro Gordo verlassen und ohne Schwerdtstreich den Amerikanern Preis gegeben wurde.

Es ist Anfangs des vorigen Jahrhunderts von den Spaniern angelegt worden und diente damals hauptsächlich zur Aufspeicherung des aus den Minen-Districten ankommenden Silbers, vor dem dies von Vera-Cruz aus nach dem Mutterlande verschifft werden konnte; jetzt wird es zur Detention politischer Gefangenen benutzt.

In Perote hat man nun das eigentliche Hochland erreicht, dass sich von dort in einer Höhe von 7000 Fuss über dem Meeres-Niveau, weit über die Stadt Mexiko hinaus, beinahe bis an den grossen Ocean erstreckt. — Der erste Theil desselben, den wir jetzt betreten haben, ist durch die Gebirge des Popocatepetl und Iztaccihuatl von dem Thal von Mexiko getrennt, dessen niedrigster

Punkt, die Stadt selbst, aber immerhin noch 7,800 Fuss über dem Meere liegt.

Dieser erste Theil, das Plateau von Puebla, dessen westliche Grenze wir eben genannt haben, und dessen östliche der Pic von Orizaba und der Cofre de Perote bilden, ist eine sterile, weithin ausgedehnte Ebene, nur einmal von der Sierra Malinche unterbrochen, die sich in der Gegend von Tlascala noch gegen 6000 Fuss über dieselbe erhebt.

Man sieht in derselben nur wenig Dörfer und Flecken und diese weit von einander, nur die aus dem rohesten Material aufgeführten Hütten der Hirten sind über die ganze Hochebene verbreitet, deren Heerden zum grossen Theil während der trockenen Jahreszeit, also im Winter, tiefer und feuchter gelegenere Weideplätze aufsuchen; die zurückbleibenden fristen auf dem oft salzhaltigen Boden ihr Leben kümmerlich, da die brennende Sonne fast jedes aufkeimende Hälmchen verzehrt.

Früher bedeckten weite Wälderstrecken diese Gegenden, sie sind indess unter der Axt der Eroberer gefallen, ohne dass neue Anpflanzungen an ihre Stelle gesetzt worden wären. Durch diesen Prozess, sowie durch vielfaches künstliches Austrocknen des früher oft sumpfigen Landes ist dieses der Einwirkung der Sonne ununterbrochen ausgesetzt und erreicht seine ursprüngliche Kraft und Fruchtbarkeit nur während der Regenzeit wieder; der Boden bedeckt sich dann mit hohem Grase, überall bemerkt man weidende Heerden von Rindvieh, Pferden und Maulthieren und die Maisfelder stehen in der üppigsten Blüthe.

Die mittlere Jahres-Temperatur der Hochebene liegt zwischen 16 und 17° R., sie steigt kaum über 26° hinaus, fällt indess in der Nacht — wenn auch sehr selten — zuweilen bis auf den Gefrierpunkt.

Zwei und zwanzig Leguas von Perote in südwestlicher Richtung liegt die Stadt La Puebla de los Angeles mit gegen 80,000 Einwohnern. Die Stadt ist ganz regelmässig und schön gebaut und besonders reich an Kirchen und Klöstern, da in ihr die Geistlichkeit vornehmlich mächtig ist.

Die Cathedrale, bei deren Bau die Engel behülflich gewesen sein sollen, ist ein prachtvolles Bauwerk und mit immensem Reichthum ausgestattet.

Die Nord-Amerikaner nahmen diese Stadt, die erst von den Spaniern in Stelle des benachbarten, von Cortez verwüsteten Cholula gegründet wurde, am 15. Mai 1847, ohne Widerstand zu finden, in Besitz, ebenso zwei kleine Lünetten, die Forts von Guadelupe und Loreto, die sie gegen den Einmarsch des Feindes vertheidigen sollten. Dieselben stehen noch und mögen in neuester Zeit wohl noch vermehrt worden sein, da sich im Jahre 1856 der Gegen-Präsident D. Antonio Haro y Tamariz hier gegen den eigentlichen Präsidenten D. Ignacio Comonfort vertheidigen musste; es soll dabei damals zu heftigen Gefechten gekommen sein, die endlich den Ersteren zur Flucht zwangen.

Hierbei sei erwähnt, dass die hier, beide Parteien zusammengerechnet, kämpfenden 20,000 Mann von mehr als 40 Generalen in Summa angeführt wurden.

Zu jener Zeit auch, als Puebla eben eingeschlossen war, ging die Poststrasse von Vera-Cruz bereits über Cordoba und Orizaba, wandte sich dann von hier nordwestlich über Huamantla nach Tulancingo und trat bei Otumba (berühmt durch einen Sieg des Cortes' nach seinem Rückzuge aus der Hauptstadt), in das Thal von Mexiko ein.

Die südliche Strasse über Cordoba und Orizaba ist, wie gesagt, kürzer, indess beschwerlicher als die nördliche, da die Steigung des Terrains, die sich auf letzterer mehr vertheilt, hier bedeutend steiler ist. Bis Cordoba circa 2500 Fuss hoch und 16 Leguas von Vera-Cruz steigt der Weg allmählig, zwischen hier und Orizaba ist indess auf kaum 3 Leguas ein Unterschied von 1500 Fuss und geht derselbe dann noch 5 Leguas weiter beim Pass von Acultzingo auf eine Höhe von 8030 Fuss über dem Meeresspiegel. Auf diesen beiden kurzen Strecken sind zwei Stellen, auf denen der Weg in mehr als 30 Biegungen hin und her die immense Gebirgswand hinanklimmt. Wenn nun auch die mexikanischen Diligenzen gewohnt sind, diese Descenten mit 8 wilden Maulthieren in schärfster Gangart hinab zu fahren, so dürften diese Wege, auf denen an jeder Ecke ein Hinterhalt lauern kann, für eine Armee mit Geschützen und Bagage kaum zu passiren sein.

Cordoba und Orizaba, Städtchen wie Jalapa, liegen jede in einer kleinen Ebene; über ihnen schwebt der Pic, dessen Spitze man glaubt in einer Stunde erreichen zu können, der indess von Orizaba noch 7 Leguas entfernt ist. — Cordoba ist reich an Café-Plantagen, während man in Orizaba, einem Städtchen, das in seiner Frömmigkeit die Reliquien von 19 heiligen Märtyrern aus Rom beschafft und in seinen Kirchen deponirt hat, vornehmlich Taback baut. Die ganze Gegend ist, wo die Berge Raum zur Anpflanzung geben, ausnehmend fruchtbar, so dass hier an manchen Stellen der Mais dreimal im Jahre Frucht trägt.

Die Gegend zwischen Orizaba und Puebla, ungefähr 20 Leguas, entspricht vollständig demjenigen, was vorher über das Terrain zwischen Perote und Puebla gesagt ist, nur dass die Bevölkerung fast noch dünner gesäet erscheint. — Die Hochebene ist ausserdem sehr arm an Wasser, und an Flüssen ist nur der Rio Atoyac bemerkenswerth, der von Norden kommend bei Tlascala und Puebla vorbeifliesst und dann durch das Thal von Oajaca dem grossen Ocean zuströmt; er ist indess auf der Hochebene in der entsprechenden Jahreszeit oft trocken.

Zwischen Puebla und Mexiko, einer Strecke von 28 Leguas liegen die hohen, mehr erwähnten Schneeberge, an denen nördlich entlang die Strasse vorbeiführt. Sie steigt von San Martin Tesmalucan aus verhältnissmässig sanft bis zu dem über 10,000 Fuss hohen Pass von Rio Frio, wo alle tropische Vegetation aufgehört hat; dichte Tannen- und Fichtenwälder bedecken den Rücken des Gebirges und der Bach von Rio frio, der auf dieser Höhe fliesst, ist oft gefroren. Gegen das Thal von Mexiko fällt der Weg dagegen steiler ab, und bald — nachdem man kaum 2 Leguas Weges zurückgelegt — bei der Venta de Cordoba, überschaut man das Thal von Mexiko, dessen Anblick Cortes und seine Begleiter in Erstaunen setzte und mit so grossen Hoffnungen erfüllte.

Das Thal von Mexiko ist von ovaler Gestalt und hat eine Ausdehnung von $18\frac{3}{4}$ Leguas von Norden nach Süden, während es von Osten nach Westen deren $12\frac{1}{2}$ misst.

Es ist von einer Gebirgskette umgeben, in welcher vorzüglich Porphyr, Basalt, Obsidian, verschiedene Lavaarten und der dort unter dem Namen Tezontli bekannte Mandelstein vorherrschen.

In derselben sind neben dem Popocatepetl und Iztaccihuatl, deren schneebedeckte Gipfel man von jedem Punkte des Thales aus sieht, die Berge von Talopan und Ajusco die bemerkenswerthesten, von denen der letztere, am nächsten an der Stadt, eine Höhe von über 13,000 Fuss erreicht; beide liegen nach Süden zu.

Der Boden des Thales findet seinen Ursprung in der neuesten Alluvialperiode. Kalk- und Tuffsteinbänke, bedeckt mit vegetabilischer Erde, wechseln mit salinischen Anschwemmungen ab, auf welchen sich sandige Bänke angehäuft haben. — Ueberall tritt der vulkanische Charakter des Terrains hervor und wenige Leguas von der Stadt finden sich Naphta- und warme Mineralquellen. — Das Thal ist öfteren Erdbeben ausgesetzt, doch erinnert man sich kaum, dass dadurch je Schaden entstanden wäre.

Es scheint, als wäre das ganze Thal nur ein enormer Krater eines früheren Vulkans, von einer erdigen Kruste neueren Ursprungs überdeckt. — An keinem Orte des Thales finden sich Spuren von Metallen oder Granit. — Die Vegetation des Thales ist ebenso kräftig als verschiedenartig, obgleich Pflanzen eigentlich tropischen Ursprungs dort nicht mehr vorkommen.

Die mittlere Jahres-Temperatur ist hier 16^0 $18'$ R. Das Thermometer steigt am wärmsten Tage auf 24 und fällt am kältesten auf 10^0. Diese eigenthümliche Gleichmässigkeit tritt auch in der Länge der Tage der Art hervor, dass zwischen dem längsten und dem kürzesten ein Unterschied von nur 2 Stunden und 20 Minuten ist.

Aus der Ebene des Thales erheben sich viele kegelförmige Hügel und Felsen, meist mit dichtem Buschwerk und Kaktus-Pflanzen bedeckt.

Die Seen, welche zur Zeit der Eroberung einen grossen Theil des Thales bedeckten und damals, wie auch noch später die Stadt und Umgegend, bei der Regenzeit grossen Ueberschwemmungen aussetzten, sind jetzt zurückgetreten, und den Ueberschwemmungen ist durch einen Entwässerungs-Canal, el Desaguë de Mexico, vorgebeugt; dies grossartige Bauwerk führt das überflüssige Wasser, theils unterirdisch, der Tierra Caliente und so dem Meere zu.

Es existiren noch nordöstlich von der Stadt der See von Tezcuco, welcher salziges oder wenigstens brackiges Wasser hat und an dessen südlichem Rande entlang die Strasse von Puebla nach Mexiko führt und südöstlich die Seen von Xochimilco und Chalco mit süssem Wasser. — Die Umgebungen dieser Seen sind weithin noch sumpfig und finden sich dergleichen Stellen auch noch südlich und westlich von der Hauptstadt.

Durch diese gehen vielfache Dämme, deren Anfänge grösstentheils noch zur aztekischen Zeit gebaut sind.

Das Thal von Mexiko ist bei weitem der bevölkertste

Theil der Republik und sehr gut angebaut, wo es die Bodenbeschaffenheit nur irgend zulässt.

Der Weg von Rio frio aus geht, sobald er in das Thal tritt, durch eine fruchtbare Ebene bei Ayotla und dem Cerro del Peñon vorüber und tritt dann auf eine kurze Strecke von der Stadt in eine sterile, theils sandige, theils sumpfige Fläche an der Südseite des Tezcuco-Sees.

Die Stadt selbst, mit gegen 200,000 Einwohnern, ist ganz regelmässig gebaut und besitzt besonders in ihrem westlichen Theile, um die Plaza mayor herum, viele schöne und feste Gebäude.

Die Vorstädte, meist von Indianern bewohnt, bestehen dagegen aus den Hütten dieser letzteren, die ganz niedrig und aus einem Material aufgeführt sind, das kaum der Zeit und dem Regen Widerstand zu leisten vermag.

— Die Strassen sind mit wenigen Ausnahmen alle gut gepflastert und durchschneiden die Stadt theils von Westen nach Osten, theils in grade entgegengesetzter Richtung.

Die Strasse, auf der man jetzt, von Vera-Cruz kommend, die Hauptstadt erreicht, ist erst nach der Conquista und nachdem die Seen wahrscheinlich schon bedeutend zurückgetreten waren, angelegt worden. — Dieselbe ist auch zu einem militairischen Vorgehen nicht geeignet, da sie, wie gesagt, zum Theil durch sumpfiges, ungangbares Terrain führt, auch bei der Nähe des Wassers leicht durchstochen und zerstört, auch hier eine Ueberschwemmung am ersten durch Schliessung des Desagüe bewirkt werden kann.

Neben diesem Hauptwege in das Thal von Mexiko kann man dasselbe zunächst, von Vera Cruz kommend, noch erreichen, wenn man die Route, die Cortez auf seinem ersten Marsche nahm, verfolgt. Diese führt zwischen den beiden grossen Vulkanen hindurch, über Mecameca in das Thal des Rio Tomacoco, mit dem sie den See von Chalco erreicht. Dieselbe ist indess jetzt kaum ein Pfad für die Indianer, die Schwefel an den Abhängen der Berggipfel gewinnen und kommt daher hier kaum in Betracht. Des dritten Weges über Otumba ist bereits auch gedacht; man macht hier, wenn auch die Höhe der Gebirge nicht diejenige des Passes von Rio Frio erreicht, einen sehr bedeutenden Umweg und erreicht die Stadt, den See von Tezcuco südlich liegen lassend, über das Städchen Guadalupe, von Norden her, bei der Garita (Thor) del Peralvillo. Auch auf diesem Wege hat man sumpfige Strecken bei den Lagunen von Zumpango zu passiren und kommt nachher zwischen dem Cerro von Guadalupe einerseits und dem Tezcuco-See andererseits vor ein Defilé, das durch eine Artillerie-Aufstellung leicht vertheidigt werden kann.

Aus diesen Gründen ist es erklärlich, dass die Angriffe auf die Stadt Mexiko stets von Süden aus geschehen sind; schon der erste Einmarsch von Cortez geschah von dort her; nachher, bei der Einnahme der Stadt, wurde der Hauptangriff von hier aus gemacht, und endlich sind die Nord-Amerikaner in dem mehrerwähnten Kriege auch von hier aus, nachdem die angestellten Recognoscirungen die Ungeeignetheit der anderen Zugänge dargethan hatten, gegen die Stadt vorgegangen. — Es ist hierzu entweder nöthig die Seen von Chalco und Xochimilco gänzlich zu umgehen, oder den letzteren an seiner schmalsten Stelle bei Iztapalpam zu überschreiten und so nach Mexicalcingo zu gelangen. Hier ist das Terrain seiner sumpfigen Beschaffenheit wegen und weil die Strassen auch leicht unter Wasser gesetzt werden können, höchstens für leichte Truppen, für Geschütz und Bagage-Wagen indess gar nicht practikabel, wenn dadurch auch eine grosse Strecke Weges abgeschnitten wird. — Der Uebergang über den See von Xochimilco dürfte ausserdem, wenn durch eine Batterie am jenseitigen Ufer vertheidigt, welcher Geschütz nur unter sehr ungünstigen Umständen gegenüber gestellt werden könnte, schwer zu nehmen sein.

Wir sehen daher, dass von dem General Scott im Jahre 1847 die Route, den See von Chalco südlich umgehend gewählt wurde, um die Hauptstadt von Süden und Westen aus anzugreifen. Man schreitet auf derselben über Chalco, Tuiscingo, Tuliahualco und Xochimilco auf gutem Wege, dessen ursprüngliche Anlage wohl in die ersten Zeiten der Conquista fällt, bis San Augustin de Tlapam vor, einem Marktflecken mit einem Kloster und mehreren Kirchen, der auch sonst grösstentheils aus massiven Häusern, den Sommeraufenthalten reicherer Mexikaner besteht.

Hier, wo der Weg sich fast grade nördlich auf Mexiko wendet, steht eine anmarschirende Truppe vor einem Defilé, dass einerseits durch den See und andererseits durch ein ausgedehntes Lavafeld, eine Art Steinbruch, el Pedregal genannt, gebildet wird. — Dies letztere auch zu umgehen, ist desshalb nicht gut angängig, weil es sich südlich gleich an den Cerro von Ayusco anlehnt.

Die eigenthümliche Beschaffenheit desselben und seine Ausdehnung — es hat wohl eine englische Meile im Geviert — machen es gänzlich unpassirbar, da grosse Lava- und Basaltstücken ununterbrochen auf- und nebeneinander liegen; kleine, mit dichtem Gestrüpp bedeckte Oasen in demselben bilden ausserdem den Aufenthalt vieler Schlangen und giftiger Reptilien. Nur ein schmaler Maulthierpfad führt an der südlichen Kante des Pedregal entlang, von San Augustin nach San Geronimo und von dort auf die Strasse, die von Toluca kommend über Tacubaya in die Hauptstadt einmündet.

Bei der Hacienda de San Antonio, etwas nördlich von Tlalpam hat das erwähnte Defilé seine schmalste Stelle, die auch gegen die Nord-Amerikaner beinahe mit

Erfolg vertheidigt worden wäre, wenn nicht eine mit ausnehmenden Schwierigkeiten durch den Pedregal selbst bewirkte Umgehung, sowie ein gleichzeitiger Angriff auf San Geronimo die Mexikaner zum Aufgeben dieser Position gezwungen hätte.

Nördlich vom Pedregal ist das Terrain sumpfig und nur fester bei den Orten Churubusco und Coyoacan, die an der Strasse nach Mexiko liegen. Die Strasse selbst ist eine ursprünglich vortreffliche, noch in den ältesten Zeiten angelegte Stein-Chaussée, die aber jetzt durch gänzliche Vernachlässigung sehr gelitten hat.

Dieses sumpfige Land, in dem die Orte San Angel und Mixcoac noch zu erwähnen wären, dehnt sich bis gegen die Strasse von Toluca, bis nach Tacubaya und Chapultepéc hin, aus.

Alle die hier genannten Orte, die manchmal kaum als Dörfer bezeichnet werden können, haben nichtsdestoweniger jeder eine massive mehr oder minder erhöht gelegene Kirche, die nicht selten mit einer Mauer umgeben, eine Position zu bilden im Stande ist.

Besonders hat bei Churubusco am 20. August 1847 ein heftiges Gefecht stattgefunden, da ein hier befindliches Kloster mit Umfassungsmauer von den Mexikanern zur Vertheidigung eingerichtet, auch weiter zurück am Rio de Churubusco, einem nur in der Regenzeit bedeutenderen Canal, der dem See von Xochimilco zufliesst, ein Brückenkopf angelegt worden war, der erst nach mehreren energischen Sturm-Angriffen genommen werden konnte.

Tacubaya, ein grösserer Ort und fast ausschliesslich aus Villen und Landhäusern bestehend, liegt am Fusse des Felsens von Chapultepéc etwa 1500 Schritt von demselben entfernt. Auf diesem Felsen, einem 200 Fuss hohen Porphyrblock, ist ein schwach befestigtes Schloss angelegt, das neuerdings, nachdem der Punkt früher den aztekischen Herrschern und nachmals den spanischen

Vice-Königen zum Sommeraufenthalte diente, in seiner dermaligen Construction zu einer Militair-Academie eingerichtet worden ist. Um den Felsen herum liegt ein grosser Park, in dem tausendjährige Cypressen und Alterthümer aus der indischen Zeit vielfache Erinnerungen wachrufen, und der mit einer, hie und da mit bastionartigen Vorsprüngen versehenen Umfassungsmauer in Form eines Oblongs umgeben ist, dessen längere von Ost nach West laufende Seite gegen 400 Ruthen misst, während die kürzere nur deren etwas über hundert lang ist.

Westlich von dem Parke von Chapultepéc dehnt sich eine kleine sterile Ebene aus, auf der sich eine mit niedrigen, der Sicherheit wegen angelegten Werken umgebene Pulverfabrik befindet.

Die Nordamerikanische Armee hatte sich nach der Affaire von Churubusco westlich gezogen, das verlassene Städtchen Tacubaya besetzt und stürmte Chapultepéc am 13. September 1847, nachdem es vorher auf der genannten Ebene zu einem Reitergefecht gekommen war, das mit der Einnahme der erwähnten Pulverfabrik und einer grösseren Getreide-Mühle, der Molino del Rey, zwischen jener und Chapultepéc, endete.

Von Chapultepéc aus wird die Stadt Mexiko durch zwei Wasserleitungen mit Trinkwasser versorgt. Dieselben existirten bereits vor der Eroberung, wurden aber von Cortez bei der Belagerung der Hauptstadt zerstört und erst später in ihrem jetzigen Zustande aufgebaut. — Die eine dieser Wasserleitungen läuft an der Strasse von Tacubaya entlang, während die andere die Stadt durch die Vorstadt San Cosme, nördlich von ersterer, erreicht.

Tacubaya, wohin man die Hauptstadt in der ersten Zeit der spanischen Herrschaft und als sie vor Vollendung des Desagüe vielfachen Ueberschwemmungen ausgesetzt war, zweimal verlegen wollte, aber von dieser

Absicht, des bedeutenden Werthes der bereits aufgeführten Gebäude wegen, immer wieder Abstand nahm, liegt von Mexiko gegen ¼ deutsche Meilen entfernt, welche man auf einer vortrefflichen Chaussée, jetzt sogar mittelst einer Pferde-Eisenbahn zurücklegt; sie führt durch das hier wieder sumpfige Terrain bis an den öffentlichen Spaziergang, den Paseo nuevo oder de Bucarelli, von dem aus man an dessen südlichem Ende durch die Garita de Belén und an dem nördlichen bei der Acordada und der Plaza de toros in die Stadt eintritt.

Die Stadt besteht hier an ihrer westlichen Seite vornehmlich aus steinernen Gebäuden, unter denen hier die Ciudadela und die Acordada zu erwähnen wären, da dieselben vielleicht Vertheidigungspunkte zu bilden im Stande sind.

Erstere, die Citadelle, ist ein niedriges unscheinbares, zum Theil casematirtes, viereckiges Gebäude mit vorspringenden Ecken und mit einem breiten, indess wenig tiefen Wassergraben umgeben; es hat Scharten für Geschütze und der freie Platz davor dient als Exercier-Platz.

Die Acordada ist ein Gefängniss mit grillirten Fenstern, ursprünglich im Jahre 1710 angelegt, um darin die aufgegriffenen Strassenräuber gefangen zu halten und abzuurtheilen. In ihrer Nähe liegt die Plaza de Toros, ein grosser hölzerner oben offener Circus, und ein Kloster, sowie die Alameda, der Lustgarten, von der aus man in grader Richtung durch die Strassen von San Francisco und de los Plateros, bei dem grossen Franciscanerkloster vorüber, in grader Richtung auf die Plaza Major gelangt.

Ein anderer Zugang zur Stadt führt an der zweiten oben erwähnten nördlichen Wasserleitung entlang nach der Vorstadt San Cosme, bei dem jetzt zum Militair-Lazareth eingerichteten früheren Kloster von San Cosme vorüber; auch hier gelangt man zu der Alameda und dann gleichfalls in grader Richtung durch die Strasse von Tacuba nach der Plaza Major. In dieser passirt man die Mineria, ein herrliches palastartiges, zu fortificatorischen Zwecken ebenfalls vollkommen geeignetes Gebäude, in dem sich die Bergwerks-Academie und die höheren Bergwerks-Behörden befinden.

Gegen Norden hin ist das Terrain bis an die Hügel von Guadalupe und das gleichnamige Städtchen eben und oft sumpfig, deshalb auch fast gar nicht bebaut. Das nördliche Thor der Stadt, la Garita del Peralvillo, ist bereits oben genannt.

Westlich gehen die Seen bis dicht an die Stadt heran und nur die von Vera-Cruz kommende Strasse zieht sich zwischen ihnen hindurch bis an die Garita de San Lazaro.

Im Süden der Stadt wird der morastige Boden nur von zwei Strassen durchschnitten, von denen die eine, der Paseo de la Viga, an dem See von Xochimilco entlang führt und durch die Garita de la Candelaria in die Stadt mündet, während die andere von S. Augustin und Churubusco kommend, bei der Garita del niño perdido die Stadt erreicht; hier passirt man, vordem man die Plaza mayor erreicht, den grossen Markt, ein mit Mauern und Portalen umschlossenes Viereck von einem fast genau so grossen Umfange als der Gensdarmen-Markt in Berlin, in dem Erzeugnisse aus allen Theilen der Republik feil gehalten werden, und deren Mannigfaltigkeit schon das Interesse der ersten Eroberer im höchsten Grade fesselte.

Der ganze Umfang der Stadt um die hier genannten Thore herum beträgt 24,454 mexikanische Varas (Ellen), also ungefähr $\frac{5}{4}$ deutsche Meilen.

Auf der beschriebenen Strasse von Vera-Cruz aus über Jalapa und Orizaba nach Puebla und Mexiko, einer Strecke von 93 mex. Leguas, werden wir die Armee der Verbündeten, wenn es zu einer Occupation des

Landes kommen sollte, voraussichtlich vorgehen sehen. Die bedeutende Distance wird hierzu an und für sich eine gewisse Zeit in Anspruch nehmen, die sich neben den grossen zu überwindenden, in dem Terrain liegenden Hindernissen auch dadurch vergrössern muss, dass selbst bei einer verhältnissmässigen Widerstandslosigkeit in dem weiteren Fortschreiten der Armee die Heranschaffung der Verpflegung für die Truppen mit unausgesetzten Schwierigkeiten verknüpft sein wird.

So reich Mexiko an Material dazu an sich ist, so hindert doch der ganze Zustand des Landes, seine geringe Bevölkerung, die Geringfügigkeit des Absatzes der Lebensmittel und die diesem correspondirende relativ geringe Production, die Aufhäufung von bedeutendem Verpflegungs-Material an einem bestimmten Punkte. Es von einem Punkte zum anderen zu schaffen, wird bei dem Zustande der Wege und dem Mangel an Transportmitteln fast unmöglich. Es wird namentlich denjenigen Truppen, welche von Vera-Cruz resp. Tampico auf Mexiko zu marschiren haben, so lange und bis sie in die Ebenen auf dem Plateau von Puebla kommen, kaum möglich sein, in grossen Massen vorzudringen. Denn erst auf dem halben Wege dahin, bei Orizaba und Jalapa fängt die mildere Temperatur an, und mit ihm die fruchtbaren, bewohnteren und cultivirteren Landstriche. Aber die engen Gebirgspfade werden die Heranführung erschweren, und wenn sich in der Bevölkerung keine Neigung zeigen sollte, den Bedarf für die Truppen auf den Markt zu bringen, wird man nur von den Nachschüben leben können, die seewärts aus der Habana und anderen Punkten bezogen, nach Vera-Cruz gebracht und von dort nachgesendet werden müssen.

Weit leichter würde sich die Verpflegung für ein an der Westküste Mexiko's landendes Expeditions-Corps durch regelmässige Zufuhr aus dem nahen Californien bewirken lassen und eine Occupation der Häfen der Westküste erleichtern. Aber beim weiteren Marsche von dort aus nach dem Innern würden auch dort Schwierigkeiten entstehen, weil die Bevölkerung in jenen Landestheilen noch dünner gesäet ist, als an der Ostküste. Immerhin würde es dort — und das wird besonders bei einer späteren allgemeinen Occupation des Landes in Betracht kommen — leichter sein, in den Häfen Acapulco, Mazatlan und S. Blas stehende Truppen, und damit auch überhaupt das Littorale zu halten, als in den Häfen am mexikanischen Meerbusen. Wir müssen in dieser Hinsicht auch noch ferner erwähnen, dass in Mexiko für die Zufuhr der Lebensmittel im Innern des Landes ein Element gänzlich mangelt, welches in andern Ländern hierfür mit so grossem Nutzen in Anspruch genommen werden kann, nämlich Wasserstrassen. Mit so grossen Wohlthaten auch die Natur den mexikanischen Boden ausgestattet hat, so entbehrt er doch jener grossen wasserreichen Flüsse, welche Schiffe in das Innere des Landes zu tragen vermöchten. Dies gilt ganz besonders von den aus dem mexikanischen Golf nach dem Innern des Landes führenden Wegen. Dort strömen keine Flüsse von irgend welcher hierzu dienlicher Beschaffenheit. Nur der Rio Bravo del norte von Matamoros bis Guerrero aufwärts, eine Gegend, wohin die Occupations-Armee schwerlich, wenigstens nicht während der Kriegsereignisse, kommen dürfte, macht hiervon eine Ausnahme. Auch für diejenigen kleinen Flüsse, welche, obwohl von sehr geringer Breite, sich eine Schiffbarmachung bis zu einem gewissen Punkte erzielen liesse, ist bisher nichts geschehen, und die Republik ermangelt daher eines Communicationsmittels gänzlich, welches anderwärts einen so erheblichen Einfluss auf die Förderung und Erleichterung der militairischen Operationen bildet.

Einen wesentlichen Einfluss auf die militairische

Occupation des Landes, auf das weitere Fortschreiten der Expedition, sowie insbesondere auf die Unterbringung der Truppen wird ferner die eigenthümliche Beschaffenheit der Städte und Dörfer in Mexiko haben. Nirgends stellt sich der Contrast zwischen Stadt und Land auffallender dar, als in Mexiko. Man kann fast — einzelne Häuser grosser Güterbesitzer abgerechnet — sagen: die Städte repräsentiren allein die aus Europa herübergekommene Civilisation, das Land dagegen hat völlig den indischen Typus bewahrt. Die Städte sind durchgängig dem spanischen Vorbilde nachgeahmt. Von dem grossen quadratförmigen Platz, auf dem sich in der Regel das Ayuntamiento (Rath- und Stadthaus) und die öffentlichen Gebäude befinden, laufen schnurgrade Strassen mit erhöhten Trottoirs und massiv-steinernen Häusern mit, soweit nicht besondere in der Beschaffenheit des Regens liegende Ausnahmen — wie in Jalapa, Orizaba — spitze erfordern, meist glatten Dächern (azoteas) aus. Hier liegen auch die grösseren Kirchen und Klöster. Das Innere der Häuser gehört dem maurischen Baustyl an, wie man ihn in Andalusien findet. Durch einen Thorhof gelangt man in den ersten Hof, der rings von einer Säulenhalle umschlossen ist, welche sich auch in den oberen Stockwerken wiederholt. Thüren und Fenster der inneren Gemächer führen in diese Vorhalle. In der Mitte des Hofes, welchen meist ein Springbrunnen ziert, finden sich je nach dem Geschmacke der Besitzer blühende Gewächse. Ein zweiter Hof ist gewöhnlich von Wirthschaftsräumen umschlossen und enthält die Stallungen.

Es liegt in der Natur dieser Verhältnisse, dass die Städte hiernach ganz besonders günstige Bedingungen für die Unterbringung der Truppen enthalten, und dass sowohl in den Revolutionskriegen als in den Kriegen mit den fremden Mächten der Besitz der Städte weit entscheidender und rückwirkender auch auf den endlichen

Sieg war, als in andern Ländern. In der That bieten die Städte fast die einzige Operations-Basis dar, denn abgesehen davon, dass sie feste, leicht zu vertheidigende Punkte bilden, ist die nächste Umgegend der Städte auch überall verhältnissmässig besser bevölkert. In dem Maasse als man sich den Städten nähert, nimmt die Bevölkerung zu, und je mehr man sich von ihnen entfernt, ab. Sie sind daher auch die einzigen Punkte, welche die Möglichkeit der Verpflegung einer einigermaassen beträchtlichen Heeresabtheilung gewähren.

Darum haben sich alle kriegerischen Ereignisse in Mexiko stets um die grösseren Städte concentrirt. In ihnen ist nun der Kampf von Haus zu Haus, von Strasse zu Strasse, von Kloster zu Kloster geführt worden. Namentlich haben, wenn es sich um die Vertheidigung der Städte handelte, die letzteren stets als fortificatorische Punkte gedient, auf deren Occupation die streitenden Parteien besonders bedacht waren. An einzelne Klöster in der Hauptstadt, in Puebla, Guadalajara, Guanajuato, Zacatécas u. s. w. würde sich eine ganze Militairgeschichte knüpfen lassen.

Wenn eine Stadt vom Feinde bedroht war, so hat die Vertheidigung stets mit der Besetzung der Klöster angefangen, die in der Regel Raum zur Unterbringung vieler Soldaten darboten und nicht selten auch die Vorräthe zu ihrer Verpflegung bargen.

Vergleichen wir damit das platte Land, so sehen wir nur die erbärmlichsten, gebrechlichsten Hütten. Jeder europäische Soldat wird das Campiren auf freiem Felde vorziehen; ihr Inhalt wird nichts Anziehendes für ihn geben, weder etwas, was seinen Magen, noch beiläufig gesagt, seine Sinne befriedigen könnte. Alles was er finden dürfte, wird ausser einer in seiner Missgestalt mehr an einen Götzen der Vorzeit, als an einen Heiligen des Christenthums erinnernden Figur des aus Holz geschnitzten Schutzheiligen oder einem abscheulichen Bilde desselben, höchstens in einem Topf mit schwarzen Bohnen und Mais bestehen, und die Maler von mit Mädchen scherzenden Soldatengruppen, die bei uns oft ein so erheiterndes Bild gewähren, würden den Stoff für ihre Darstellungen hier vergeblich suchen. Von dieser Seite droht den Soldaten überhaupt wenig Verführung, und die historisch gewordene Braut des Cortes, Malinche, muss. eine Ausnahme ihrer Race gewesen, oder dieselbe seit jener Zeit degenerirt sein. Nur in der Gegend der Landenge von Tehuantepec soll das schöne Geschlecht aus der indischen Race einigermassen diesen Namen wirklich verdienen.

Es ist durchaus unmöglich, eine grössere Truppen-Abtheilung lange in freiem Felde stehen zu lassen. Zwar giebt es einzelne reiche Haciendas (Landgüter), die einen grossen Viehstand besitzen, aber auch dieser ist in der Regel zerstreut und schwer beizuschaffen, ganz abgesehen davon, dass jetzt auch solche Güter viel von der Revolution gelitten haben. Sie können nur eine kurz dauernde, vorübergehende Basis für Operationen abgeben, und es wird schwer halten, sich auf irgend einem Punkte des platten Landes lange zu halten, wo der Soldat ohne Obdach, hin und wieder, bei dem bestehenden grossen Wassermangel in Mexiko, von Trinkwasser entfernt, der Einwirkung der Sonne und des Clima's in schädlichster Weise ausgesetzt ist.

Weit schwieriger vom militairischen Standpunkte aus, als die angenblickliche Occupation Mexiko's, wird die Erhaltung einer stabilen Macht, durch welche die künftige Regierung in Mexiko ihre Autorität zu sichern und sie feste Wurzeln im Lande zu fassen lassen hat, zu bewirken sein.

Diese Schwierigkeiten werden grösser, als in irgend einem anderen Lande der Welt sein.

Mexiko, wie gesagt, von einem zwanzigmal grösseren Umfange als das Gebiet des preussischen Staates, mit einer Bevölkerung von nur etwa 7 Millionen Einwohnern, von denen eilf Vierzehntheile überdies den Einflüssen europäischer Civilisation ganz fern stehen, erfordert Mittel, deren Ermangelung bisher schon Ursache und Quelle der Leichtigkeit war, mit der sich einzelne Theile, auch mit ganz geringen Kräften, nicht selten mit 50 bis 60 Mann Soldaten der Anordnung der Regierung der Hauptstadt widersetzten und sich ihrer Autorität entzogen.

Wird die neue Regierung diese Mittel haben?

Wir glauben, dass wenn keine Dismembration des Staates erfolgt, und der Länderbestand bleibt, wie er ist, die Regierung mindestens 6000 Mann fremde Truppen in der Hauptstadt, 2000 Mann dergleichen in jedem der 21 einzelnen Departements oder Föderalstaaten und mindestens 1000 Mann in jedem der fünf Districte, zusammen also 50- bis 60,000 Mann sichere, zuverlässige Truppen halten muss.

Das vorhandene militairische Material in Mexiko bietet dazu, sowohl in Betreff der Leute als der Offiziere und der dem Militair nöthigen technischen Institute, so gut wie gar nichts dar. Es muss alles neu geschaffen und gleichsam vom Auslande importirt werden, bis die Nation, was doch nur allmählig geschehen kann, zu einer militairischen Tüchtigkeit erzogen wird.

Was insbesondere die Leute betrifft, so werden die Indier, auf die man zunächst recurriren müsste, kein geeignetes Material zur Vermischung mit Europäern, mindestens nicht mit Franzosen und Engländern und den spanischen regulären Truppen geben. Eine solche Vermischung würde schon selbst bei den Europäern Widerstand finden, sie würden die Leute moralisch und physisch tief unter sich stehend erachten und danach behandeln; es würde also aus einer solchen Vermischung kaum etwas, wenigstens nicht etwas sofort Brauchbares herauskommen.

Die Heranbilduug von Regimentern aus Indiern unter europäischen Offizieren würde erst mit der Zeit und nach und nach entsprechende Erfolge geben können. Noch weniger als die Leute würden für jetzt die bisherigen mexikanischen Offiziere, einige in der Armee dienende, durch die politischen Verhältnisse ihres Vaterlandes oder persönliche Umstände dahin verschlagene Ausländer, deutsche, polnische und französische, und einige solche Inländer abgerechnet, die im Auslande erzogen worden sind, für eine regulaire Armee zu verwenden sein. Es wird sich dies bald herausstellen. — Hier wird dann nicht blos der Mangel des inländischen Materials an Offizieren, sondern auch eine andere grosse Schwierigkeit entstehen, nämlich die, die ungeheuere Masse von Generalen, Obersten und Offizieren aller Gattung, die von der Revolution und den Pronunciamientos Gewerbe gemacht und davon gelebt haben und die, an das bisherige Leben gewöhnt, mit dem Aufhören der bisherigen Verhältnisse ihre Existenz bedroht sehen werden, zu befriedigen.

Nun liegt zwar eine grosse Genügsamkeit im mexikanischen Charakter und der Uebergang von besseren in schlechtere Verhältnisse vollzieht sich dort im Allgemeinen leichter als anderswo; immerhin wird es aber in diesem Uebergangs-Stadium eine nicht geringe Sorge der neuen Regierung sein, die Unzufriedenheit von dieser Seite zu mässigen und im Zaume zu halten.

Erst mit einer neuen, anders zu erziehenden und militairisch heranzubildenden Generation werden diese Uebelstände schwinden.

Andererseits würde die Beschaffung europäischer Soldaten insofern theuer und schwierig sein, als sie auf manchen Punkten des Landes nie ohne climatische Gefahren für dieselben zu erreichen ist, die die Lust und Liebe zum Dienste vermindern müssen. Ohnehin würden sie Söldner für fremde Zwecke sein, und Söldner sind immer theuer.

Auch für eine combinirte Occupations-Armee der drei Mächte würden sich wesentliche Schwierigkeiten darbieten; schon über das numerische Verhältniss, in welchem jede einzelne sich dabei zu betheiligen hätte, könnten schwer zu beseitigende diplomatische Weiterungen entstehen, weil dieses numerische Verhältniss zugleich die Politik jedes einzelnen dieser Staaten zu unterstützen und den bezüglichen Einfluss respective zu erhöhen und zu vermindern geeignet ist. Dasselbe würde dann in Betreff der Dislocation der Fall sein.

Sollte aber eine fremde neutrale Macht, z. B. Oesterreich, die Truppen hierzu stellen, so würde auch dies augenscheinlich, schon aus finanziellen Rücksichten, auf grosse Schwierigkeiten stossen. So bedeutend die Entwickelung der Landeskräfte bei gesicherter Ordnung auch zu werden vermag, und so gewiss nach 10 jährigem Frieden und vielleicht schon früher, bei redlicher und einsichtiger Verwaltung der Finanzen der Staat eine permanente Armee von 50- bis 60,000 Mann wird erhalten können und in einzelnen Perioden auch schon unterhalten hat, so ist doch nicht ausser Betracht zu lassen, dass die durch den bisherigen Zustand völlig verstopften Einnahmequellen erst allmählig werden flüssig gemacht werden können, und dass es selbst hierzu und zur Herstellung einer einigermaassen zweckmässigen Verwaltung noch der Inversion bedeutender Kapitalien anfangs bedürfen wird.

Nun ist aber eine Armee von 50- bis 60,000 Mann durchaus nicht mit einem den europäischen, namentlich den deutschen Verhältnissen entsprechenden Kostenbetrage zu erhalten, sondern es muss, da die Equipirung und Ausrüstung aus dem Auslande herbeigeschafft werden muss, mindestens die Hälfte mehr dafür in Ansatz gebracht werden. Wir möchten glauben, dass unter dem

Betrage von 12 Millionen Dollars oder 24 Millionen Silber-Gulden (österreichisch) eine Armee von vorgedachter Stärke kaum zu erhalten sein wird.

Nach der bisherigen Lage der Dinge in Mexiko, und da die Armee aus regulären Truppen und National-Garde bestand, welche letztere von dem Föderal-Aerar, d. h. dem Aerar der einzelnen Föderalstaaten, oder in der Zeit der Departemental-Verfassung, von den Departements (Provinzen) erhalten wurde und bei der grossen Unordnung, die hierunter herrschte, lässt sich nicht genau angeben, wie hoch die Kosten des Staats-Aerars und resp. jedes einzelnen Departements sich belaufen haben mögen. — Es fand auch zu Zeiten viel Verschwendung und, wie immer bei der Unordnung, mancher Unterschleif Statt. — Aber wir glauben nicht zuviel zu sagen, wenn wir im Allgemeinen die Behauptung aufstellen, dass selbst eine reguläre Armee von 50,000 Mann, mit entsprechender ordnungsmässiger Verwaltung, dem Lande weit weniger kosten würde, als die bisherigen Banden.

Für die Zukunft und nach und nach würde daher auch das Land, nach Entwickelung seiner reichen Hülfsquellen, die Kosten einer Militairmacht von obigem Belaufe wohl tragen können, die übrigens nach Maassgabe der Verbesserung des inneren Zustandes und der Wiederherstellung einer festen Autorität successive vermindert werden könnte.

Aber werden die Mächte, welche heute Mexiko occupiren, sich zu dem für die ersten Jahre zu bringenden Opfer entschliessen wollen?

Sie werden sehr bald einsehen, dass sie es müssen, sofern sie nicht den Zweck der Occupation überhaupt preisgeben und das Land nach ihrem Abmarsch wieder in die alte Anarchie verfallen lassen und damit alle die Ursachen wieder heraufbeschwören wollen, welche ihnen zu der Occupation Anlass gegeben haben.

Wir wissen nicht, ob man die Tragweite des Einschreitens in Mexiko von dieser Seite gehörig gewürdigt und die Opfer der Mittel, mit dem zu erreichenden Zwecke, von Seiten der occupirenden Mächte, im Voraus nach allen Seiten abgewogen hat. Wir möchten es kaum glauben und annehmen, dass man sich die Sache leichter vorgestellt hat, als sie sich thatsächlich zeigen wird. — Mexiko bietet in dieser Hinsicht ganz andere Verhältnisse als jedes andere Land; es hat eigentlich keine Regierung, es ist nichts da, was gefasst und zu bestimmten Leistungen gezwungen werden könnte.

Man wird daher bald vor der Alternative stehen, entweder den Zweck fallen zu lassen und die bisher gebrachten Opfer umsonst gebracht zu haben, oder sich den Consequenzen fügen müssen.

Denn darüber wird, nach gewonnener Einsicht in die Landes-Verhältnisse, dem spanischen, französischen und englischen Gouvernement füglich kein Zweifel übrig bleiben, dass die Wiederherstellung eines Gouvernements aus den im Lande vorhandenen Elementen nach bisheriger Weise weder die Verbindlichkeiten sichern würde, die eine aus diesen formirte Regierung etwa den Mächten gegenüber eingehen möchte, noch überhaupt irgend eine Garantie für die Zukunft zu geben vermöchte.

Die Annahme von 50- bis 60,000 Mann permanenter Truppen kann auf den ersten Anblick hoch erscheinen und doch ist sie den Verhältnissen des Landes nach nur mässig gegriffen. Es ist allerdings möglich, dass nach Maassgabe der politischen Zustände der einzelnen Departements und Territorien eine Verminderung der auf 2000 resp. 1000 Mann angenommenen Garnisonen ausführbar sein kann, allein es wird auch solche geben, bei denen diese Zahl kaum genügen dürfte.

Aber gesetzt auch, es sei daran eine Minderung zulässig, so würde, was davon überschösse, immer noch ganz unzureichend sein, um die Landgrenze im Norden gegen die Vereinigten Staaten hin, wie solche durch den

Friedens-Traktat von Guadalupe mit den Vereinigten Staaten von Nord-Amerika vom 10. und 30. März 1848 regulirt worden ist, auch nur einigermaassen gegen die Incursionen der wilden Indianerstämme zu schützen. Die dagegen ergriffenen Maassregeln, die Anlage von Presidios mit Militair-Colonien, sind theils in ihrem Beginn nur unvollständig zur Ausführung gekommen, theils, so weit dies der Fall, inzwischen und in Folge der völligen Desorganisation des Landes, so in Verfall gerathen, dass sie so gut wie gar nicht mehr existiren.

Man darf sich nur vergegenwärtigen, dass die Landgrenze im Norden gegen die Vereinigten Staaten hin eine Ausdehnung von 600 Leguas (circa 440 deutsche Meilen) von Matamoros bis an den Ausfluss des Rio Gila in den Golf von Californien umfasst, welche mehr oder minder gegen diese Incursionen — von Vertheidigungsmaassregeln gegen die Vereinigten Staaten selbst gar nicht zu reden — zu schützen sind.

Sieht man auch von dem östlichen Theile der Grenze, welche von Matamoros nach Guerrero, vom Einfluss des Rio Bravo in den mexikanischen Golf aufwärts führt und welche bei der auf der amerikanischen Seite stattgehabten Zunahme der Bevölkerung die wilden Stämme von dort mehr und mehr vertrieben hat, ganz ab, so nimmt doch weiter gegen Westen hin die Widerstandsfähigkeit gegen die Einfälle der Indianerstämme immer mehr ab. Der ganze auf 51 Leguas berechnete Theil der Grenze von Aguaverde bis San Vincente ist noch völlig in ihren Händen und von den starken Stämmen der Comanches, Apaches und Mescalecos bewohnt, welche besonders die Districte von Parras und Monclova, im Departement von Coahuila bekriegen und von dort selbst bis tief in das Innere der Departements von Zacatécas und S. Luis Potosi, ja, bis in die cultivirten Bergwerks-Districte von Fresnillo und Catora in diesen Staaten vorgedrungen sind, also in Punkte, welche zu den best bevölkertsten der Republik gehören.

Im weiten Grenzdepartement von Chihuahua sind etwa 160 Leguas gegen den Stamm der Taraumares zu decken. Weiterhin in Sonora und Californien finden ähnliche Verhältnisse Statt. Selbst die höchst mangelhaften und wie die Erfahrung gezeigt hat, ganz unzulänglichen Maassregeln der bisherigen Regierung hatten 2813 Mann permanent zu den Militair-Colonien gegen die Indierstämme, ganz abgesehen von den zu Zeiten erforderlichen grösseren Maassregeln und einer entsprechend stärkeren Garnisonirung in den grösseren Orten der bedrohten Districte, als Etat festgesetzt.

Einen europäischen Maasstab darf man, wie sich von selbst versteht, gar nicht an diese Verhältnisse legen. — Die Deckung einer so lang gestreckten Grenze mit einigen Tausend Mann Truppen würde bei uns natürlich gar keine sein. Allein bei der geringen Bevölkerungsproportion in jenen Gegenden genügen auch natürlich weniger Truppen.

Das Departement von Chihuahua z. B., mit einem Flächeninhalt von nahezu 13,000 ☐ Leguas (also etwa doppelt so gross als der preussische Staat)' wird hinsichts seiner Bevölkerung im Ganzen, die sesshaften Indier mit eingeschlossen, nur auf kaum 150,000 Seelen taxirt.

Aber die Schwierigkeit, die wilden Indierstämme auszurotten, und ihren Devastationen durch militairische Schutzmaassregeln vorzubeugen, ist um so grösser, je mehr Gelegenheit das weite Terrain ihnen bietet, zu verschwinden und wieder zu erscheinen.

Es wird noch lange, lange Zeit bedürfen, ehe selbst eine feste und stabile Regierung irgend kräftige und erfolgreiche Maassregeln gegen dieses verheerende Uebel wird treffen können; man wird sich nur auf das Allernothwendigste, auf den Schutz der wichtigsten Punkte beschränken, und selbst für diese nur Unvollkommenes leisten können. Aber immerhin wird sofort mehr als bisher geschehen müssen, weil grade jene bedrohten Districte in ihren reichhaltigen Silber-Minen die besten Quellen für die Entwickelung des National-Reichthums bergen, deren Eröffnung das Staats-Aerar der neuen Regierung, wie sie sich auch immer gestalten mag, ganz besonders bedürfen wird, und eben deshalb wird das militairische Erforderniss hierfür nicht gering anzuschlagen sein.

An und für sich würden die militairischen Maassregeln zur Verhinderung der Invasionen der wilden Indierstämme ein selbstständiges, der höchsten Beachtung würdiges Requisit bilden, aber in einem so grossen Staate, wo das bevölkerte Centrum und die bevölkerten Districte mit ihren materiellen Bedürfnissen und politischen Agitationen einen so grossen Anspruch an die Regierung machen, schwindet mit der Entfernung auch die Beachtung der wichtigsten Interessen und Bedürfnisse vor den dringenden und näher gelegenen Sorgen.

Wir haben deshalb auch hier der Schwierigkeit, der eine gründliche Abhülfe und Gegenmaassregeln zu widmen, keine, wie immer organisirte Regierung, anfänglich wenigstens, die Mittel haben wird, nur eine kurz andeutende Stelle geben können, aber doch den Hinweis darauf nicht unterlassen wollen.

Es ist auch die Frage aufgeworfen worden, ob eine Consolidirung einer festen Staatsform in Mexiko nicht, sobald die Vereinigten Staaten von Nord-Amerika erst den Bürgerkrieg beendet haben werden, der sie jetzt von jeder Einmischung nothgedrungen zurückhält, und sobald sie erst wieder zu Kräften gekommen sein werden, von dieser Seite aus behindert werden kann und wird.

Bekanntlich haben nämlich die Vereinigten Staaten die Idee, in Mexiko eine Monarchie einzuführen, unwillig aufgenommen und in Betreff der gegenwärtigen

Expedition der drei Mächte erklärt, dass sie sich in Bezug auf die Bildung der dortigen politischen Zustände vollkommen freie Hand vorbehielten, und damit angedeutet, dass sie, nach Beseitigung der in ihrer eigenen gegenwärtigen Lage liegenden Hindernisse gegen alle ihren Interessen widersprechenden politischen Gestaltungen aufzutreten willens sind. In dem Maasse, als neuerdings in den Vereinigten Staaten durch die Siege der Union über die Confederirten die Hoffnung auf eine Bewältigung der Revolution und des Bürgerkrieges wieder grösser wurde, ist das Gouvernement von Washington auch unverholener zu Gunsten der republikanischen Regierungsform in Mexiko aufgetreten. Aber der Congress in Washington ging doch auf den Vorschlag der Regierung nicht ein, den Präsidenten Juarez durch eine Anleihe Seitens der Vereinigten Staaten aus der Verlegenheit zu ziehen, die durch das Einschreiten der Triple-Alliance in Mexiko entstanden war; in einer Depesche vom 3. März d. J. an die Gesandten in London, Paris und Madrid konnte der nordamerikanische Staats-Sekretair für die auswärtigen Angelegenheiten den dortigen Höfen nur erklären, dass es verkehrt sein würde, wenn dieselben jene Ablehnung des Congresses als ein Zeichen ansehen wollten, dass innerhalb der Regierung zu Washington und des amerikanischen Volkes eine ernstliche Meinungsverschiedenheit in Beziehung auf die herzlichen Wünsche für die Sicherheit, das Gedeihen und die Dauer des republikanischen Systems in jenem Lande bestehe.

Aber über die Aeusserung dieser herzlichen Wünsche hinaus, die in der Politik wenig Werth haben, wenn sie nicht von entsprechender Handlung begleitet werden können, haben die Vereinigten Staaten gegenwärtig nichts für die Erhaltung des republikanischen Systems in Mexiko thun können.

Wir lassen die politische Frage bei Seite, ob der

Lauf der Ereignisse in den Vereinigten Staaten auch dort die republikanische Regierungsform in ihrer gegenwärtigen Gestalt bestehen lassen werde; wir gehen nicht darauf ein, die Minderung der Macht in Betracht zu ziehen, welche durch die politische Trennung zwischen Nord und Süd an sich entstehen und die von so grossem Einfluss auf Mexiko sein würde. Da wir es hier mehr mit der militairischen Frage zu thun haben, so setzen wir den für die monarchischen Institutionen schlimmsten Fall, und wir nehmen an, dass in den Vereinigten Staaten die republikanische Regierungsform schliesslich die Oberhand behalten und mit ihr die Monroe-Theorie dort wieder zur Geltung kommen wird.

Wir sind der Ansicht, dass auch in diesem Falle und vorausgesetzt, dass, wie wir für nöthig gehalten haben, fremde Truppen Mexiko durch 10 Jahre besetzt halten, nicht nur während dieser Zeit, sondern auch fernerhin ein ernstlicher Angriff auf die monarchischen Institutionen von den Vereinigten Staaten, oder denjenigen Staaten, die sich nach ihrer Auflösung bilden werden, nicht zu befürchten sein wird.

Es liegt im Character demokratischer Staaten, dass ihre militairische Organisation lediglich auf die Defensive, nicht auf die Offensive, gerichtet ist.

Die Bildung einer stehenden Armee widerspricht an sich schon dem demokratischen Princip.

Wir haben noch keine Erfahrungen, dass Volkstruppen gegen disciplinirte Truppen auf die Dauer Vortheile errungen hätten. Man kann in dieser Hinsicht nicht die Erfolge der Amerikaner gegen Mexiko im Jahre 1847 allegiren. Mexiko hatte damals keine regulairen Truppen, keine Truppen von militairischer Instruction und Bildung. Was die Amerikaner damals ausgerichtet haben, haben sie mit ihren, der Zahl nach sehr geringen regulairen Truppen, nicht mit den Regimentern der Volonteers, gethan, welche eher hindernd und lästig waren.

Wenn, wie wir voraussetzen, die Landgrenze gegen Texas nur einigermaassen durch eine Truppenaufstellung geschützt und die Häfen in Vertheidigungszustand gesetzt werden, so ist von Nord-Amerika aus kaum etwas zu befürchten. In dem Grade, dass Ordnung und Sicherheit in Mexiko mehr zunehmen werden, wird auch die moralische und physische Widerstandsfähigkeit des Landes mehr gehoben und gestärkt werden.

Es wird sich aus dem Innern der Verhältnisse heraus und aus dem ursprünglichen, durch das bisherige Unglück nicht vertilgtem, sondern nur noch mehr zum allgemeinen Bewusstsein geförderten Sinn für monarchisch-feste Zustände eine Widerstandsfähigkeit entwickeln, welche verbunden mit den begünstigenden natürlichen Grenzverhältnissen, eine Unternehmung in dieser Richtung zu vereiteln und zurückzuschlagen, wohl im Stande sein wird.

Wir haben überdies keinen Zweifel, dass schon der Versuch, eine monarchische Regierungsform in Mexiko zu begründen, Nachahmung auch bei den übrigen vormals spanischen Colonien in Central- und Süd-Amerika finden wird, welche an gleichen Uebeln leiden wie Mexiko, und dass die daher zu erwartende grössere Allgemeinheit dieser Form auf dem amerikanischen Continente sehr bald eine noch grössere Garantie für dieselbe gewähren wird.

Die Unternehmung der Alliirten in Mexiko — das ergiebt die ganze vorstehende Darstellung, die Beträchtlichkeit der verwendeten Streitkräfte zu Lande und zur See und selbst die ganze politische Lage — zielte von Anbeginn an weit weniger auf eine auch durch andere Mittel zu erreichen gewesene natürlich unhaltbare Convention in Betreff diplomatischer Feststellung der Reclamationen mit dem schwankenden Dinge ab, was man bis jetzt in Mexiko eine Regierung nannte, sondern liess deutlich erkennen, dass die Absicht vorlag, in Mexiko geordnete Zustände zu schaffen und zu sichern.

Wir gestehen daher, uns eine richtige Vorstellung weder von den Thatsachen, noch den politischen Combinationen machen zu können, welche in Soledad, einem Punkte zwischen Vera-Cruz und Jalapa, am 19. Februar d. J. zwischen dem spanischen Oberbefehlshaber und Bevollmächtigten Grafen von Reus einerseits und dem Bevollmächtigten des Präsidenten Juarez, General Manuel Doblado abgeschlossene Präliminar-Convention veranlasst haben können, welcher die englischen und französischen Gesandten und die Commandanten der Streitkräfte, resp. Mr. Lenox Wyke und Hugh Dunlop, sowie Mr. de Saligny und Admiral Jurien beigetreten sind, und welche vom Präsidenten Juarez ratificirt wurde.

Diese Convention lautet nach dem vom mexikanischen Gouvernement in der officiellen Zeitung publicirten Texte folgendermaassen:

Art. 1. Nachdem die gegenwärtig in Mexiko bestehende constitutionelle Regierung den Commissarien der verbündeten Mächte eröffnet hat, dass die Republik der Hülfe nicht bedarf, welche sie der Mexikanischen Nation so wohlwollend angeboten haben, und dass sie in sich selbst die Elemente von Stärke und Ansehen (opinion) besitzt, um sich gegen jede innere revolutionaire Unternehmung zu sichern, werden die Alliirten nunmehr im Vertragswege alle Reclamationen formuliren, welche sie im Namen ihrer resp. Nationen vorzubringen haben;

Art. 2. Zu dem Behuf, und indem die Representanten der alliirten Mächte ausdrücklich versichern (protestando como protestan), dass sie keine feindliche Absicht gegen die Unabhängigkeit, Souveränetät und Integrität des Gebietes der Republik hegen, werden die Herren Commissarien mit zwei der Herren Minister der Republik die Verhandlungen in Orizaba eröffnen, vorbehaltlich der beiden Theilen nach gemeinschaftlicher Uebereinkunft zuständigen Ernennung von Representanten zu diesem Behuf.

Art. 3. Während der Dauer der Verhandlungen werden die Truppen der alliirten Mächte Cordoba, Orizaba und Tehuacan mit ihrem natürlichen Umkreise besetzen.

Art. 4. Damit auch nicht im Entferntesten die Meinung entstehen könne, dass die Alliirten diese Präliminarbestimmung unterzeichnet haben, um sich dadurch in den Besitz der befestigten Punkte zu setzen, welche das mexikanische Heer inne hat, wird stipulirt, dass wenn unglücklicherweise die Verhandlungen abgebrochen werden sollten, die Alliirten die vorgedachten Punkte verlassen, und in die vor den gedachten Befestigungen liegende Linie in der Richtung nach Vera-Cruz zurückkehren werden, wobei als äusserste Punkte der Paso ancho in der Richtung nach Cordoba und der Paso de Ovejas in derjenigen nach Jalapa bezeichnet sind;

Art. 5. In diesem unglücklichen Falle werden die etwaigen Hospitäler der Alliirten unter der Obhut der mexikanischen Nation verbleiben;

Art. 6. Mit dem Tage, wo die Alliirten den Marsch nach den im Art. 2 bezeichneten Punkten antreten, wird in der Stadt Vera-Cruz und auf dem Fort von San Juan de Ulua die mexikanische Flagge wieder aufgehisst.

Diesen Präliminar-Bestimmungen zufolge haben die Truppen der Alliirten mit Ausnahme der Engländer, von denen nur, wie es heisst, hundert Mann vorgerückt sind, während der Rest wieder eingeschifft wurde, den Marsch nach den bezeichneten Punkten angetreten, und die Verhandlungen in Orizaba sind eröffnet worden.

Es liegt auf der Hand, dass mit diesem vorläufigen Abkommen die militairische Frage, also die Frage der eventuellen gewaltsamen Erzwingung des Eintretens in die Hauptstadt in den Hintergrund gedrängt wurde. In dem Abkommen liegt eine bestimmte Anerkennung der Regierung des Präsidenten Juarez, und sie wird danach angesehen als eine solche, welche factisch und rechtlich die Republik representire, im Namen derselben Erklärungen abzugeben, sie zu binden, und die eingegangenen Verbindlichkeiten zu erfüllen geeignet sei.

Diese optimistische Ansicht mag schon politisch viel gegen sich haben; sie widerspricht mindestens allen Erfahrungen und Voraussetzungen, welche die Geschichte Mexiko's darbietet. Militairisch aber ist die Convention von Soledad in jeder Hinsicht noch nachtheiliger. Die eventuelle Rückbewegung der Truppen auf die früher inne gehabte Linie ist eine Maassregel, die mindestens keinesweges geeignet ist, den moralischen Muth der Truppen zu heben. Man kann allerdings zugeben, dass mit der vorgeschrittenen Jahreszeit und der immer heisser, immer ungesunder werdenden Temperatur an der Küste, die Verlegung nach der höher gelegenen, durchaus gesunden Gegend von Orizaba und Jalapa — von Tehuacan ist dies weniger zu sagen — eine Nothwendigkeit war, allein wenn man verhandeln wollte, so würde die Basis für die Verhandlungen eine andere, eine sicherere gewesen sein, wenn man erst im sicheren Besitze irgend eines der gesunderen Punkte war, und dass ein solcher mit den vorhandenen Streitkräften, wenn sie auf einen solchen Punkt concentrirt wurden, zu erzwingen war, scheint uns unzweifelhaft.

Es scheint indess, als wenn ganz besonders englischerseits auf diese ganze Wendung der Sache hingewirkt und von extremen Maassregeln abgerathen wurde. In England scheint man die ganze Tragweite der Sache, und wie an die Consequenzen eines Vorgehens sich Kosten auf Kosten knüpfen werden, die mit dem nächsten, wenn man so sagen kann, finanziellen Interesse ganz ausser allem Verhältnisse stehen, am frühesten begriffen zu haben, und nachträglich wenigstens nicht gewillt zu sein, sich darauf einzulassen.

Was man nun weiter über die Vorschläge von Juarez hört, lautet dahin:

Das Gouvernement von Mexiko würde sich verpflichten, innerhalb 10 Jahren die Summen zu bezahlen, welche es französischen, englischen und spanischen Unterthanen schuldet, einschliesslich der Interessen. Diese Zahlungen sollten durch eine Macht garantirt werden, welche die Bevollmächtigten des Juarez zu nennen nicht autorisirt waren, augenscheinlich die Vereinigten Staaten von Nord-Amerika. (Damals war nämlich in Mexiko noch unbekannt, dass der Senat in Washington den bereits erwähnten Vorschlag des Präsidenten Lincoln auf eine Anleihe an Mexiko zu dem Behuf abgelehnt hatte.)

Die ganze Expedition mit Ausnahme von 2000 Mann, welche zum persönlichen Schutze der Bevollmächtigten der alliirten Mächte resp. in Jalapa und Puebla zurückbleiben könnten, sollte sofort den mexikanischen Boden verlassen und wieder eingeschifft werden.

Auf diese Art würde Nichts zur Besserung der socialen Bedingungen der in Mexiko wohnenden Ausländer erreicht sein; wie früher hinge ihr Schicksal, ihr Vermögen von der Laune und der Willkür ab; die Beziehungen der anderen Nationen zu Mexiko würden nicht die mindeste Sicherheit darbieten, und das Land selbst, zerrissen durch die beklagenswertheste Anarchie, würde wie vorher eine permanente Ursache des Misstrauens, der Unruhe oder der Ambition sein.

Man wird ohne Mühe einsehen, dass die eigenthümlichen Propositionen des mexikanischen Gouvernements, wenigstens für diejenigen Mächte der Triple-Alliance nicht annehmbar waren, welche sich nicht schon mit der Absicht trugen, die Sache mit Rücksicht auf die Schwierigkeiten, die sich zeigten, unter irgend einer Form im Stiche zu lassen. Inzwischen ist auch bekannt geworden, dass die französische Regierung die Präliminarien der Uebereinkunft von Soledad nicht ratificirt, sondern, als mit der militairischen Ehre und dem Zwecke der Expedition unvereinbar, zurückgewiesen hat. Der Admiral Jurien ist auf den militairischen Oberbefehl beschränkt und die diplomatische Leitung der Expedition dem Gesandten Mr. de Saligny allein übertragen worden, während England und Spanien nach den Erklärungen beider Regierungen, resp. im Parlament und den Cortes, die Convention von Soledad gebilligt haben.

Was Spanien hierzu vermocht hat, welche Einflüsse sich hier geltend gemacht haben, unter welchem Gesichtspunkte insbesondere der Graf von Reus (General Prim) seiner Regierung die Convention von Soledad als annehmbar dargestellt hat, darüber schwebt ein gewisses Dunkel, welches mit der persönlichen Ambition des spanischen Generals in Verbindung gebracht wird.

Was nun weiter aus der Sache geworden ist, ist bei Niederschreibung dieser Zeilen noch unbekannt. Allein es leuchtet durch, dass französischerseits beabsichtigt wird, den ursprünglichen Zweck der Expedition, welchen die Präliminar-Convention von Soledad verwischt hatte, wieder herzustellen.

Und in der That, unter welchem Gesichtspunkte man auch die künftige politische Gestaltung von Mexiko betrachten mag, eines stellt sich als unzweifelhafte, durch die Geschichte des Landes seit der Independenz auf jedem Blatte derselben dargethane Erfahrung heraus, dass die Rückkehr zu den bisherigen politischen Zuständen, zu der Art von permanenter Anarchie, die bisher herrschte, weder geeignet ist, dem Lande Ruhe und Ordnung zu geben, die Entwickelung seiner reichen Hülfsquellen zu sichern, den Verkehr mit dem Auslande auf gesicherte Grundlagen zu bringen und die Rechte der dort weilenden Fremden zu schützen, noch für die Forderungen der occupirenden Mächte irgend welche Garantie zu verschaffen. Jedes Arrangement, welches nicht von der vorgängigen Einsetzung einer starken, den Parteien und Banden im Lande gewachsenen Regierungsgewalt ausgeht, wird sich sehr bald als fruchtlos darstellen und die Unternehmung der occupirenden Mächte als vollkommen zwecklos erscheinen lassen.

Wir sind der Meinung, dass alle Concessionen, auf welche jetzt von den schwachen Inhabern der Gewalt in Mexiko, wenn man sie, wie den Juarez oder irgend einen andern Parteichef daselbst so nennen kann, den Mächten gegenüber eingegangen werden könnte, sicher nicht erfüllt werden werden und selbst beim besten Willen derselben nicht erfüllt werden können.

Uns scheint daher der Kaiser Napoleon den allein consequenten Weg einzuschlagen, indem er vor Allem auf die Constituirung einer festen Regierungsgewalt im Lande dringt, und was auch immer die Hinter- oder Nebengedanken sein mögen, die ihn dabei leiten, wenn er wirklich solche hegen und es nicht natürlicher sein sollte, den Erklärungsgrund in der richtigen Würdigung der Sachlage zu finden, das wird Jeder, welcher die Verhältnisse in Mexiko kennt, zugeben müssen, dass eine, lediglich aus den zerfallenen Elementen im Inlande gebildete Regierung, welche des materiellen Schutzes der intervenirenden Mächte entbehrt und mit ihr jede von ihr übernommene Verpflichtung, eben so schnell hinfällig werden wird und werden muss, als ihre auf gleichen unhaltbaren Elementen beruhenden Vorgänger. Der Kaiser Napoleon scheint uns also die Sache bei der

Wurzel anzufassen, indem er die Einsetzung einer festen, von den Mächten garantirten Gewalt als das Mittel bezeichnet, durch welches den unseligen Zuständen in Mexiko allein ein Ende gemacht, und diese Nation dem regelmässigen, für sie und die ganze Welt erspriesslichen, internationalen Verkehre zurückgegeben werden kann. Es scheint uns auch nicht, als wenn Spanien im Princip hiermit nicht vollständig einverstanden sein sollte. Dort muss man mehr als anderwärts wissen, dass die republikanische Form der Regierung für die eigene Race und für die, welche sie geboren hat, nicht passt, und dass Erziehung, Neigung, Sitte, Gewohnheit, Bedürfniss, Religion, ja selbst der von der ganzen Creolen-Race ererbte castilianische Stolz eine monarchische Regierung erheischt. In der That haben die verschiedenen mexikanischen Gouvernements ungeachtet ihrer republikanischen Form, besonders in der Zeit von Santa Anna, die verhältnissmässig die glücklichste war, stets monarchischen Staaten eigene Institutionen adoptirt. Der Hof Santa Anna's, das stehende Heer, der Glanz der Uniformen, der von ihm adoptirte Titel: „Alteza serenisima", die Institution von Orden und Ehrenzeichen und zu jeder Zeit die ganze nach Rangklassen geordnete innere Beamten-Hierarchie mit dem „baston de mando" der Chefs hatte einen monarchischen, dem spanischen Vorbilde entlehnten Zuschnitt.

Wirklich ist auch, wie wir den spanischen Zeitungen aller politischen Farben entlehnen, die Regierung der Königin Isabella II. mit dem Kaiser Napoleon hierin einverstanden gewesen, und nur in Bezug auf die zu wählende Person hat Verschiedenheit der Ansichten geherrscht.

Gewiss wird englischerseits diesem Principe nicht mit gleicher Bereitwilligkeit zugestimmt werden; England hat niemals in den vormals amerikanischen Colonien die monarchische Regierungsform begünstigt, sondern es stets seinem Interesse gemäss erachtet, auf die Bildung der republikanischen Form der Regierung keinen hindernden Einfluss zu üben. Die verhältnissmässige Schwäche der centro-amerikanischen, republikanischen Regierungen und die dadurch erleichterte Einmischung der englischen Diplomatie in die inneren Angelegenheiten hat stets besser den politischen Absichten Englands und seinem zum Theil darauf mit begründetem Uebergewichte zur See entsprochen. Man wird sich also darauf gefasst zu machen haben, dass englischer Seits die französischen und spanischen Bemühungen zur Herstellung einer Monarchie in Mexiko mindestens keine Unterstützung und in der Differenz über die Person des Prätendenten, welche die beiden letzteren Staaten scheiden möchte, eine ergiebige Quelle von Gegenwirkungen finden werden. Aber eines sollte England dabei nicht vergessen, nämlich, dass es von den Regierungen nach Art der bisherigen in Mexiko, aller Versprechungen ungeachtet, niemals Befriedigung seiner Ansprüche, und für seine Unterthanen wohl erneuete Anerkennung ihrer Reclamationen, allenfalls auch die Anerkennung grösserer Entschädigungssummen auf dem Papiere, aber niemals eine wirkliche Garantie für die Zahlung, viel weniger eine effective Zahlung der ihnen schuldigen Summen erhalten wird. Es scheint auch, als wenn man dies einsähe und sich von dieser Seite daher auch nur mit halbem Herzen, mit einer gewissen gemischten Stimmung bei der Sache befindet. Vielleicht hält auch die richtige Erkenntniss der schweren Opfer, welche vorgängig zu bringen wären, um eine andere, festere Regierung zu constituiren und in welche die grossbritannische Regierung die ganze Nation nicht verwickeln möchte, um Einzelnen, den Bondholders und sonstigen Reklamanten, auf Kosten der ersteren nützlich zu sein, davon ab. Man sieht sich englischerseits offenbar in eine Sache unwillkürlich verwickelt, für welche die bisherige englische Politik nicht grade schwärmen kann, und dieses Gefühl bricht jetzt schon überall durch. Im Parlamente wurde schon erklärt, England sei nicht einverstanden mit einer Veränderung in Betreff der künftigen Regierung Mexiko's; es wolle nichts, als die Erfüllung der von Mexiko übernommenen Verpflichtungen, und Juarez sei zu Verhandlungen bereit; es werde daher extremer Maassregeln nicht bedürfen. Aber, wenn es den Mächten vollkommener Ernst um die Herstellung einer festen und starken Regierungsgewalt in Mexiko ist, von der allein auch die demnächstige Erfüllung der von Mexiko einzugehenden Stipulationen erwartet werden kann, so darf man nicht damit anfangen, die neu zu begründende Regierung von vornherein zu schwächen. Eine solche Schwächung aber würde es sein, wenn man die schlechthin unter den gegenwärtigen Verhältnissen unmögliche unmittelbare Befriedigung der schwebenden Reclamationen und Forderungen an die Spitze und als erste Bedingung aufstellen sollte.

Das erste Bedürfniss in Mexiko, gewissermaassen der Ausgangspunkt aller neu zu bildenden Ordnung wird in der Befriedigung des laufenden Dienstes, zumal in der Regelmässigkeit der Bezahlung des Militairs bestehen. Mit Soldrückständen ist, wie überall, auch die Disciplin in Frage gestellt, und ein unregelmässig bezahltes Heer ist viel mehr eine Schwächung als eine Stärkung der öffentlichen Gewalt. Es würde gradezu Thorheit sein, mit der Befriedigung der Reclamationen der Fremden den Anfang zu machen.

Man wird vielmehr damit beginnen müssen, nicht blos in Betreff dieses Gegenstandes mit grosser Resignation einen längeren Aufschub zu gestatten, sondern auch die Mittel zu gewähren haben, dem neuen Gouvernement zu seiner Begründung und inneren Macht- und Kraft-Entwickelung durch materielle Hülfe förderlich zu sein. So lange diese, in den thatsächlichen Umständen beruhende Nothwendigkeit nicht begriffen wird, ist an kein gesichertes Gouvernement in Mexiko und folglich auch an keine endliche Befriedigung der Ansprüche zu denken, um derentwillen die jetzige Intervention stattfindet.

Wir würden es nicht unternehmen können, irgend einem Fürsten, sei es ein deutscher oder spanischer, sei es Seine Kaiserliche Hoheit der Erzherzog Maximilian von Oesterreich, wie man in Frankreich, oder, wie man in Spanien zu wünschen scheint, der erlauchte Schwager der Königin, der Herzog von Montpensier, zu rathen, die Krone von Mexiko anzunehmen, sofern sich zunächst die intervenirenden Mächte nicht nur zu einem Aufschub aller Zahlungen an sie mindestens auf fünf Jahre, und dann erst mit der beginnenden Zahlung von kleinen, allmälig zu steigernden Quoten begnügen, sondern auch vor allen Dingen eine Anleihe garantiren, welche die Mittel gewährt, das Gouvernement bis zur successiven erst mit der wiederkehrenden Ruhe und Ordnung wieder zu gewinnenden und im Verhältniss zu dieser nothwendig wachsenden Eröffnung der Quellen des National-Wohlstandes zu begründen und zu erhalten.

Wir zweifeln nicht an der Möglichkeit der dauernden Befestigung eines Thrones in Mexiko und mit ihm an zu erreichenden besseren Zuständen unter dieser Bedingung, aber auch nur unter dieser Bedingung allein.

Es bedarf dort keines Hervorrufens einer royalistischen Partei; wer im Lande gelebt hat, weiss, dass sie vorhanden ist, und mit welcher Begeisterung die alten Beamten, welche noch unter der spanischen Regierung gedient haben, ihren Söhnen von der Autorität, Ruhe und Ordnung erzählen, die früher im Lande geherrscht hat, und wie auf den Silber-Condukten von der Hauptstadt nach der Küste, die jetzt von mehreren Bataillonen Infanterie und entsprechender Artillerie eskortirt werden müssen, sonst das einfache Fähnlein in den spanischen Farben genügte, um sicher an Ort und Stelle zu gelangen. Mit der Einsetzung eines Fürsten, dessen Rückhalt an den Mächten notorisch und ausser Zweifel wäre, würde die öffentliche Gewalt aufhören, das Ziel ehrgeiziger Abenteurer zu sein; wir können daher auch den Fall, dass ein solcher Abenteurer aus den Bestandtheilen der Occupations-Armee selbst hervorginge, nicht als einen solchen bezeichnen, welcher die Unterstützung der Mächte und die Sympathie des Landes haben würde; einen solchen Fall halten wir für ganz unmöglich, und jedenfalls fast noch weniger, als die letzten ephemären Regierungen von Mexiko geeignet, dem Auslande Garantieen zu bieten und das Inland zu befriedigen. Das wäre von Haus aus ein todtgeborenes Kind. Nur in der Unterordnung unter einen illüstren Namen der alten Herrscherfamilien würde der nach Auszeichnung, Amt, Würde, kurz nach äusserer Geltung strebende spanische Creole in der Hauptstadt und den Provinzen diese Befriedigung finden und die Monarchie nur im Anschluss an eine solche neue Dynastie Grund fassen können. Der einflussreiche und begüterte Clerus ist an und für sich selbst schon ein monarchisches Element im Lande und würde es an Opfern für die Monarchie nicht fehlen lassen. Ein gleiches Interesse hat die bedeutungsvolle, von der Ordnung und Ruhe im Lande ganz besonders abhängige, die Sicherheit wie die Lebensluft bedürfende Klasse der Bergwerksbesitzer und Bergwerksarbeiter, die ganze Mineria, die erst dann anfangen könnte, den grossen Reichthum von Schätzen zu entwickeln, mit welchem der Boden von Mexiko so verschwenderisch gesegnet ist und der sehr bald die Welt mit Staunen erfüllen und sie über die grosse, bis jetzt kaum geahnte Bedeutung des Landes aufklären würde.

Aber allerdings wird eine Schwierigkeit darin bestehen, dem Hervortreten der monarchischen Partei äusserlichen Halt, Form und Mittelpunkt zu geben, weil die Elemente, die sie bilden, auf ein ungeheures Gebiet zerstreut und jetzt vollständig desorganisirt sind. An das Suffrage universel wird schwerlich zu denken sein; die Indier, obwohl gesetzlich emancipirt, sind in Wahrheit noch mehr „gente sin razon", als sie es rechtlich unter der spanischen Herrschaft waren. Man kann sie zu jedem Zweck an die Wahl-Urne führen, und die Quantität des gespendeten Pulque (eines den Branntwein ersetzenden, aus der Maguey-Pflanze gezogenen Getränkes) wird für sie mehr Anziehungskraft haben, als der erlauchteste Name, und über ihre Stimmen (wie schon erwähnt, unter 7 Millionen etwa $5\frac{1}{2}$, also in dem Verhältniss von 11 zu 3 zur übrigen Bevölkerung) nach Anleitung des Abenteurers, der sie grade in der Hand hat, entscheiden. Davon könnte also nicht die Rede sein. Die Abstimmung könnte nur durch Notable nach einem bestimmten Census bestimmt, und den Indiern nur insoweit eine Theilnahme verstattet werden, als die vorzuschreibenden Bedingungen in ihrer Person zutreffen oder sie sich noch im Gesammtbesitz von Gemeinde-Gütern (parcialidades) befinden, denen als solchen eine durch den Vorsteher auszuübende Stimme eingeräumt werden könnte.

Wir sind der Ueberzeugung, dass wenn erst die Hauptstadt im Besitze der Alliirten sein und es allgemein erkennbar wird, dass die monarchische Richtung der notorischen Absicht der Mächte entspricht, es kaum noch eines Anstosses bedürfen wird, um eine allgemeine Erklärung zu ihren Gunsten herbeizuführen. Die Sache wird sich dann ganz von selbst machen. Der Clerus wird die Sache, die durch ein letztes Pronunciamiento einflussreicher Männer oder durch Berufung von Notabeln aus den Departements proclamirt wird, fomentiren und man wird sich gerne und willig fügen. Es muss freilich dahingestellt bleiben, ob die verfrühete Hinweisung auf bestimmte Persönlichkeiten, ja gewissermaassen ein Streit um die Frucht, noch ehe sie reif ist, eine Frucht, die übrigens hart genug sein und scharfe Zähne erfordern wird, der Sache selbst günstig war. Wir halten nicht dafür, dass einem dem spanischen Königshause angehörigen oder ihm nahe verbundenen Prinzen die Aufgabe, die er zu lösen hätte, leichter sein werde als jedem Anderen; sie würde im Gegentheil für ihn schwieriger, ja vielleicht ganz unausführbar sein. Zwischen den spanischen Creolen zu Mexiko und den Spaniern, zwischen der ehemaligen Colonie und dem Mutterlande besteht nicht das Band der Liebe und Zuneigung, wie es zwischen Kindern und Eltern natürlich wäre. Wie die Engländer in den Vereinigten Staaten weniger beliebt als andere Fremde sind, so ist es der Spanier in noch weit geringerem Grade in Mexiko. Es liegt dies einfach darin, dass man noch zu voll von der Erinnerung an das Colonialsystem Spaniens ist, welches auf dem nahen Cuba noch fast wie vor 40 Jahren gehandhabt wird, und an die Hemmungen, in welchen dasselbe den freien Verkehr fast auf allen Gebieten der Industrie und des Handels gefesselt hielt. Der spanischen, seiner eigenen Race, erkennt der Mexikaner keine Superiorität über sich zu, er glaubt, unter völligem Vergessen alles dessen, was er Spanien verdankt, dass eine dreihundertjährige Erfahrung in der Verbindung Mexiko's mit Spanien hingereicht hat, das Land in seiner Entwickelung zurück zu halten; der Mexikaner wird immer gegen einen spanischen Fürsten hinsichts der zu sichernden Unabhängigkeit des Landes misstrauischer als gegen jeden aus einem andern Fürstenhause ihm überkommenen Herrscher sein; er wird immer in dem ersteren mehr den von Madrid aus influenzirten Vice-König von ehedem, als den unabhängigen, lediglich dem Interesse des Landes zugewendeten König sehen. Ein spanischer Prinz wird daher stets Vorurtheile gegen sich haben, von denen ein anderer unberührt bliebe. Es kommt auch in Betracht, dass derjenige Fürst, welcher der schweren aber lohnenden Aufgabe sich widmen will, die conservativen Elemente in einem so destruirten Lande wie Mexiko zu sammeln und neue Fundamente für die Sicherheit, die Entwickelung und Ordnung des Landes zu suchen, diese Aufgabe schwerlich mit leeren Händen antreten kann.

Nun liegt es aber in der Natur der Dinge, dass schon die einfache Thatsache, dass der Betreffende, ein spanischer, ein österreichischer, oder welchem grösseren Herrscherhause immer angehöriger Prinz wäre, diejenige Nation, zu dessen Herrscherfamilie er nicht durch Bande des Bluts und der Verwandtschaft gehört, nicht geneigt sein wird, grosse Opfer zu bringen; er wird, was diese letzteren betrifft, also immer der Hauptsache nach auf sein Vaterland angewiesen sein.

Es muss dahingestellt bleiben, ob Frankreich für einen Prinzen aus dem Hause Orleans, der mit der Königin von Spanien verschwägert ist, wird Opfer bringen wollen, und doch könnte, handelte es sich um einen Prinzen, der von Spanien käme, nur von dem Herzog von Montpensier die Rede sein. Andererseits ist zweifelhaft, ob Spanien, ungeachtet der bedeutenden Entwickelung, die es in der neuesten Zeit gewonnen, doch fähig wäre, seine Hülfsquellen theilweise für die Gründung einer Secundogenitur in Mexiko zu verwenden; so lange Spanien noch seine kaum einigermaassen geordneten Finanzen für die eigenen näher liegenden Bedürfnisse nöthig hat, wird es, so sehr auch der castilianische Stolz sich dadurch geschmeichelt fühlen würde, doch viele Stimmen in Spanien geben, die um diesen Preis die eigenen Interessen nicht würden in Frage stellen wollen.

Allerdings tritt dasselbe Bedenken an jeden anderen Prinzen heran, der Kraft in sich fühlen möchte, die Aufgabe der Regeneration von Mexiko zu übernehmen;

aber je weniger ein solcher nach der Lage der Dinge unter der Voraussetzung betrachtet werden kann, mit der Uebernahme der Regierung nur die eigene Hausmacht zu vermehren, je weniger die letztere nach Geschichte und sonstigen Beziehungen in den Verdacht eines directen oder indirecten Einflusses auf die mexikanischen Angelegenheiten kommen kann, desto leichter wird dem Fürsten seine Aufgabe im Innern, desto weniger schwierig wird es werden, die fremden, für Mexiko sich interessirenden Mächte zu irgend einer gemeinschaftlichen Garantie, insbesondere zu der vor Allem nöthigen Anleihe zu bestimmen. Man wird immer, wenn man die Verhältnisse in Mexiko consolidiren will, nicht füglich anders als nach Analogie des seiner Zeit in Griechenland befolgten Verfahrens vorgehen können, dabei aber, der dort gemachten Erfahrung gemäss, auf die bereits vorhandene Sicherung der Succession rücksichtigen müssen, um nicht aus dieser Frage Anlass zu neuen Complicationen zu geben.

In jedem Falle wird die Aufgabe des ersten Monarchen von Mexiko eine schwierige sein. Sie in alle Phasen ihrer Entwickelung zu verfolgen, liegt ausserhalb des Planes dieser, nur zur allgemeinen Orientirung über die Verhältnisse, bestimmten Schrift.

Aber was, ausser dem Hinblicke auf die grosse Aufgabe an und für sich selbst, unter den mancherlei Kämpfen nach Aussen und Innen, die dem ersten Könige von Mexiko bevorstehen, den Muth und die Kraft des kühnen Mannes, der sich ihr widmen möchte, aufrecht erhalten wird und muss, das wird zunächst der Gedanke sein, dass es sich hier auf's Neue um den Beweis handelt, dass die monarchische Form der Regierung die einzige Möglichkeit einer geeigneten Lösung des Problems darbietet, und dass es sich somit um einen glänzenden Sieg des monarchischen Princips überhaupt handelt, und sodann, dass es kaum ein Land der Welt giebt, wo sich Alles, Natur, Klima und bis zu einem gewissen Grade selbst die Docilität der Einwohner vereinigt, um eine stete Dankbarkeit und ewigen Ruhm sowohl im Inlande als im Auslande — wo man die ganze materielle Bedeutung von Mexiko erst mit der beginnenden Ordnung wird schätzen und begreifen lernen — an den Namen Dessen zu knüpfen, der im Vertrauen auf die Vorsehung und den eigenen Beruf und mit dem festen Willen, vor Hindernissen nicht zurück zu schrecken, muthig, energisch und unbeirrt Hand an das grosse Werk legt.

Karl Ritter hat es irgendwo unlängst mit Recht betont, dass keine Stelle auf unserem Planeten für die höchste Civilisation der Menschheit besser gelegen, besser gestaltet und von der Natur dazu mehr ausersehen sei, als Mittel-Amerika, und dass es früher oder später die höchste Gesittung des Menschengeschlechtes entfalten müsse.

„México será sin duda un pais de prosperidad, porque sus elementos naturales se lo proporcionan, pero no lo será para las razas que ahora lo habitan." Mit diesen Worten, die im Vordersatz mit der Ansicht des berühmten Erdkundigen übereinstimmen, schliesst Don Lucas Alaman seine „historia de Mexico".

Durch die ganze altindianische Mythologie geht nachweislich ein Zug, ein Vorgefühl, eine Art von Cultus, der in der Ueberzeugung bestand, dass das Land und seine Bewohner ihr Schicksal von jenseits des Meeres zu gewärtigen hätten. Dem Eroberungszuge der Spanier ging schon die religiöse Ueberzeugung von ihrem Siege voran und begünstigte denselben.

Heute hat sich unter anderen Verhältnissen diese providentielle Bestimmung erneuert. Was bei den Indianern ein dunkles, mythologisches Gefühl war, das noch bis heute bei ihnen nicht ganz erstorben ist und noch auf die rechte Lösung harrt, das ist bei den verständigen Leuten in Mexiko ein politisches Dogma. Wer je in Mexiko war, wer das herrliche Land kennt, seine Leute, seine Verhältnisse, der wird mit uns in den Wunsch einstimmen, dass die providentielle Bestimmung des Landes dadurch gefördert werde, dass in den Wirren der jetzigen Zeit ihm bald der ersehnte „Salvador" von jenseits des Meeres erscheine. —